AI塑造的學習未來

教育現場的智慧觀點

新北市教育團隊 口述　陳妤寧 採訪撰文

目錄 CONTENTS

第一部

適性教育——放對位置，都是天才 011

讓每個孩子的才能最大化，教育現場導入智慧科技，老師更易因材施教

前言 不以爬樹的能力斷定一條魚的才能 012

第1章 因材施教——不用分數，怎麼診斷？ 017

1-1 IQ量表測不出的多元智能 018

1-2 智慧化推動閱讀，設計只屬於你的書櫃 023

1-3 從特殊教育，看見個別化教學影響力 029

第2章 升學選擇——把興趣變成負責任的形狀 035

2-1 一校一特色，掙脫排名思維 036

2-2 連線校外資源，自主學習找到責任心 041
2-3 多元入學，已不是多「錢」入學 046
2-4 頂尖模範生，等於不用操心的孩子？ 050

第3章 職涯機會——連結實務，把路走寬 055

3-1 職業試探中心，動手做一次見真章 056
3-2 創意加跨域，「技術型人才」大增值 061
3-3 放眼運動產業，體育人才的職涯越走越寬 066
3-4 新時代、新職種、新美感、新想像 072

第二部

科技學習——數位助教，放大學習

077

教學現場不為數位而數位，讓科技回歸最盡職的隊友角色

前言　先看見科技背後的人性　078

第4章　基礎建設——軟硬體兼施，解除後顧之憂　085

4-1 科技校園打地基，校務評鑑也轉型　086

4-2 一百二十八種資源，一組帳密，學習平台變好用　091

4-3 智慧教室，簡單互動就有好氣氛　096

4-4 生生用平板，改變學習被動位置　101

第5章 學科應用——立體互動，知識栩栩如生 107
5-1 跳出紙本，地球科學動起來 108
5-2 AR實驗，模擬解剖青蛙 113
5-3 對AI練英文口說，更有膽量 117
5-4 與ChatGPT一起學作文，不必怕抄作業 122
第6章 跨域融合——運用科技就像喝水，無所不在 127
6-1 運動科技，兼顧趣味普及和精準訓練 128
6-2 不插電程式桌遊，觸發幼兒邏輯力 132

第三部 國際教育——在地發展，國際通行 137

國際視野不是菁英專利，一鍵視訊連線，學生發展想像無限

前言 比英文更重要的事 138

第7章 國際意識——突破固有視野 143

7-1 不出國，為什麼也要關心國際事？ 144

7-2 國際教育四堂課，打開跨域思考力 149

7-3 多元文化敏感度，走跳國際的護身符 153

7-4 拉近「國際化」距離，在地唾手可得 158

第8章 雙語教育——回歸生活，溝通第一 163

8-1 雙語生活化，放下怕說英文的「偶包」 164

8-2 雙語教育，不等於全英語教學 169
8-3 「英閱繪」推理學英語，勾出孩子好奇心 174
8-4 技職雙語，用興趣開啟英語世界大門 179

第9章 跨國交流——自由移動，深度探索 185

9-1 國際移動力，打開跨國職涯的想像 186
9-2 百萬新住民，看見歐美以外的「國際」 191
9-3 深度探索，跳脫「打卡式」的國際交流 197
9-4 聯合國SDGs，國際學生的共同話題 202

第四部
品德素養——同理他人，療癒自己 207
人工智慧襲來，活得像個人，才不會成為被機器人取代的人
前言 贏在起點，不如笑著走到終點 208
第10章 關心環境——讓知識走出象牙塔 213
10-1 地球能源，三十年後最「熱」題目 214
10-2 社區意識，走出校園的「社會化」練習 219
10-3 美感教育，機器人取代不了的感受力 224
第11章 終身學習——建立好習慣，成就自然來 229
11-1 閱讀與思辨，人生必修的風險管理課 230
11-2 畢業以後，孩子還會「終身學習」嗎？ 235

11-3 自主學習，從建立「我可以」的信心開始 240
11-4 慶賀失敗！在困難中活出人類的調適力 245

第12章 療癒自己——笑著往前，就是贏家 251

12-1 與真實世界連結，不能忘記「情感教育」 252
12-2 世界變動不斷，安定自己是了不起的能力 257
12-3 孩子用3C，家長該不該禁？ 263
12-4 我的孩子失戀時，可以來抱著我哭嗎？ 268

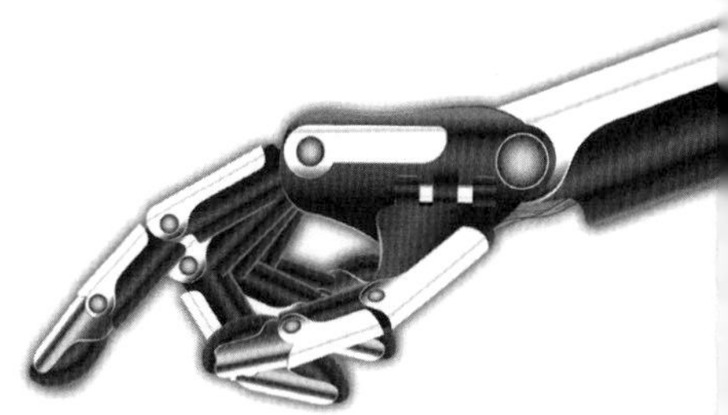

第一部

適性教育

——放對位置，都是天才

讓每個孩子的才能最大化，教育現場導入智慧科技，
老師更易因材施教

前言

不以爬樹的能力斷定一條魚的才能

愛因斯坦曾說：「每個人都是天才，但如果你用爬樹的能力評斷一條魚，它將終其一生覺得自己是個笨蛋。」

愛因斯坦用最精簡的一句話，精準地解釋了適性教育（Adaptive Education）的意義。適性的意義，按字面解釋即是「適合本性」，因為每個人的潛能、愛好、需求、經驗、文化都不同，讓學生認識自己的熱情和特質，才有可能適才適所，在屬於自己的位置上發光發熱。

相信大多數人都認同適性教育的理念，但是在教育現場要怎麼做到？老師的時間有限，同時又要面對數十個學生，該如何顧及到每個學生獨一無二的特質？從新北教育現場經驗觀察，可以分為制度、科技、心態三個面向來實現。

制度面：創造空間，提供支持

第一個面向是制度。教育部頒布一〇八課綱之後，在課表上釋出了校訂課程的堂數，包括按照學校優勢自行安排的校訂必修課、選修課、團體活動，還有彈性學習時間。制度上多了彈性，就讓教育現場有了更多發揮的空間。

以位處北海岸的萬里國小為例，因為鄰近火力及核能發電廠、又有東北季風、地底還有煤礦與地熱等獨特的地理條件，因此他們設計出極具特色的能源教育校訂課程。學生從生活經驗出發動手做科學實驗，如自製太陽能車、彩繪風車，還有風力車競速，讓學習科學更有感。

另外，全新北市國小一、二年級則積極投入英語繪本閱讀教學，老師以故事誘發好奇心，帶給孩子放鬆的心情沉浸於英語環境。到了高中，學生可以自己設計選修計畫，再同時配合新北市和大學合作授權開放的線上課程學習，讓學習歷程檔案更有個人特色。

一〇八課綱一方面釋出教學彈性，另一方面新北市政府教育局也積極扮演各校的「支持系統」，以降低老師的調適壓力與備課負擔，讓各間學校的受教品質都獲均勻提升，減少過去家長們必須尋找口耳相傳稀有名師的狀況。

科技面：工具到手，突破侷限

第二個面向是科技。科技資源涵蓋了網路、教學平台與線上教材內容、平板以及大數據。只要連上網路，學習就能突破地域限制；有了教學平台與線上教材內容，老師不需要自行從零開始製作教材；課堂上使用平板輔助學習，效果比電腦更直接、更輕便；大數據則讓老師可以快速從後台觀察到學生的學習瓶頸。這些科技資源就像基礎建設，讓學生在課本與考卷之外，獲得更多主動查找資料、自主學習新知，還有展現個別興趣專長的機會。老師站在講台上，面對幾十個學生講述同樣課本內容的時代，已經悄然翻頁；只要妥善運用工具，科技顯然會是老師的「神助教」。

然而，每個老師對於科技工具的熟悉度不盡相同，因此「種子教師」的培訓也是新北市教育局的推廣重點。以同儕的力量，帶動更多老師的進修意願，減輕使用科技的焦慮或懷疑。

心態面：開放鼓勵，增添信心

第三個面向，則是心態。即使制度的空間或是運用科技的技巧還沒有到位，光是老師對孩子抱持開放的心態，就已經能讓孩子的潛力有發芽的機會。比如一個傾向圖像思考的學生，他的國文成績總是很差，課本上佈滿密密麻麻的插畫。即使他的老師不具備藝術方面的訓練，但若是願意以開放的心態看待，不那麼快地歸因到

「不認真」、「不專心」，而是鼓勵孩子：「要不要去圖書館找一些畫圖相關的書？」如此簡單的一個問句，孩子的未來就可能不同。

以下章節將分別就「因材施教」、「升學選擇」、「職涯機會」三個章節，逐步解析適性教育在新北市教育現場的實踐歷程。「因材施教」一章，討論人類多元智能，具體地呈現不善於傳統紙筆測驗的學生，有哪些其他吸收與驗收的方式。「升學選擇」一章，描寫高等教育如何掙脫傳統排名思維，使學生在興趣中變得更為自己負責；並從外部研究解釋，適性教育如何同時協助不擅長考試以及擅長考試的學生。「職涯機會」一章，從職場實務出發，依序透過試探、跨域、產業和美感的角度，打開新鮮視野，減少學子家長對就業的擔憂與顧慮。

第 1 章

因材施教
——不用分數，怎麼診斷？

1-1 IQ量表測不出的多元智能

小時候的徐小安（化名），在家人鄰居眼中，是個聰明機伶的小孩子。但上國中之後，學科表現漸漸跟不上，讓徐媽媽越來越擔心，在和爸爸討論之後決定送到住在美國的親戚家借住並升學。小安從當地的社區高中畢業後，順利地進入了一間藝術大學就讀。大學畢業回到臺灣之後，除了插畫的接案工作十分穩定，也漸漸因為資歷的累積，獲得企業公司的青睞，著手投入一些大型城市活動，或是高級品牌活動的形象統籌規劃。

「那時候因為導師的評語，還以為他是個智商不高的孩子。」

「我可從來沒有這樣想過喔，我想他頂多只是不擅長讀書罷了。」

徐爸爸和徐媽媽回憶往事，不禁感嘆學校考試真的很難看出一個孩子未來順利與否。

被智力測驗低估的那些領域

考試評量需要學生在短時間內完成大量的閱讀並回答考題，有些孩子的認知能力雖然高，但沒有掌握紙筆測驗的技巧，就會被低估智力。有些孩子在生物觀察、繪畫創造或人際互動中具有較多智能，這些智能領域在相對偏重數理、語文的傳統智力測驗中，很難被有效檢測，卻對適性發展非常重要。

在徐小安的案例中，雖然他的數理和語文能力都不敏銳，但因為在藝術與人際智能有所發展，使他在職涯中順利找到了最能發揮優勢的位置。

哈佛大學教育研究院教授哈沃德．加德納（Howard Gardner）提出的「多元智能理論」（Theory of Multiple Intelligences），主張智力的範圍不只有數理和語文邏輯，還有空間、音樂、肢體動覺、人際互動等多方面智能，比如芭蕾舞者、武術指導，這類型的工作需要對肢體動覺較為敏銳；如果要成為好的小說家，除了文筆要好，也需要結合好的內省智能，才能淬鍊出值得寫下的生活經驗。很多孩子都喜歡畫畫，但若要往3D建模發展，就需要融入空間智能；若要往動畫導演發展，就需要協調音樂智能，才能讓畫面與配樂節奏完美結合。

「多元智能理論」顯示了單用主流學科表現評斷孩子能力的侷限，強調在觀察到自身潛能之後、需要持續拓寬相關技能，才能在職業生涯獲得完善的發展。

多元智能，多元學習，多元發展

觀察新北教學現場，善用孩子不同的感知能力，常常會看到嶄新的學習效果。比如相同的課程，有的學生看到國字就頭痛，但用聽錄音檔的方式卻能吸收得津津有味。有的孩子說話結結巴巴、表達邏輯跳躍，但若用畫心智圖的方式，卻意外發現他其實有完整吸收理解上課內容。

數學只能在數學課堂上吸收嗎？如果遇到下午第一節的數學課，班上的「瞌睡率」，恐怕是數學老師最不願意計算的一題夢魘。錦和高中數學老師吳孟仁，卻會把學生帶去籃球場「醒醒腦」，再教他們怎麼計算命中率。即使是成績不好的學生，這時候也有了課堂參與感。吳孟仁說，自己以前很重視「教完」，其實只是在滿足自己的進度欲，現在的他更重視「教少但教會」。「對我來說，學生考上名校可能是他本來就很聰明啊，但如果能把弱的學生也拉起來，這可能更有成就感喔！」

科學教育只能用競賽來驗收嗎？萬里國小教務主任許慶雄長期經營能源教育，並將能源教育成功打散，再融入到科學、手作、體育、視覺、音樂等多種領域，有的孩子因為做風力車，在「能源小鐵人」競賽得獎後，變得更有自信，更習慣於上台表達；也有些孩子不太會唸書，可是在能源標章視覺設計、或比手畫腳表演、或改編歌詞、或拍影片，展現出他們獨特的學習興趣。對於展現他們的多元才能來說，這是非常重要的事情。

每個孩子的潛能，就像指紋一樣，獨特又複雜。單一的教材、教學方法、和評量方式，很難證明班上每個孩子學習成效的優劣。如果找到適合的「吸收」與「表達」方式，大人會驚喜，小孩會進步，也不會在眨眼之間，與尚未打磨的潛能擦身而過。

人類擁有許多未知的潛能，從音樂上的天賦到了解自我的能力，都屬於人類潛能的範圍。多元智能理論已經問世了數十年，這數十年來除了哈沃德．加德納本人追加過第八項自然智能，世界各地的教育家也與之呼應，提出其他領域的智能項目，或是提出更多不同的分類方式。儘管人類的智能領域，在學術上還有很多定義未明的灰色地帶，不過從專家的討論中可以明顯發現，世界上需要的人才，確實是各式各樣的，而單一的IQ量表卻很難測出人的真正智能。

在千年之前，不會耕田、不會織布的人，可能就被視為對部落沒有貢獻的人；但在分工越來越細、人們需求也越來越多樣化的現代社會，放下對「主流」的執迷，反而更能游進競爭者少的「藍海」，收穫更好的成就感。

正如位在北海岸的萬里國中，學校內大大的願景題字——「放對位置，就是天才」，適性教育的核心理念已悄悄地在教學現場帶來改變，不再以「忠孝仁愛，禮義廉恥」、「自強不息，勵學敦行」等傳統思維看待孩子的發展潛能。不久的未來，這簡潔有力的八個字將會在更多校園裡閃閃發光……

1-2 智慧化推動閱讀，設計只屬於你的書櫃

「這是我第一次，自己讀完一本書。」一位小五同學說。靦腆中帶有雀躍。

「他指的是，有厚度的、以文字為主的書啦。」他的閱推老師黃姵穎，笑著補充。

位在板橋的新埔國小，為了推動閱讀，不但申請新北市政府教育局補助增額的「閱推老師」，從二〇二〇年開始，學校還加入了新北市政府教育局與臺師大合作的「智慧適性閱讀」計畫。透過臺師大研發的Smart Reading適性閱讀系統，學生不只可以測出自己中文閱讀程度的SR值（指的是書籍難度），還可以獲得相對應SR值的個人化書單，找到最適合自己的書，就像擁有一個自己的專屬推薦書櫃。新北市推出試辦計畫之後，各校紛紛搶著申請、更要求加開額度。

打造每個人的專屬書單

「在導入智慧適性閱讀之前，全班會申請一箱書，全班孩子都看一樣的。有的人看得很吃力，有人SR值高到可以讀高三的書。」黃姵穎描述教學第一線的實際情況。過去的閱讀教學無法顧及學生個別差異，學生的閱讀成效、進步幅度也不容易檢視；要推動閱讀，就只能「盡量多讀」。

新北市政府教育局國小教育科科長林奕成解釋，智慧適性閱讀系統非常個人化，「大家做的題目，只有第一題一樣，接著系統就會依據答題情況給出第二題、第三題……」學生只會知道自己的測驗結果在全國常模中是略高還是略低，因為排名不是重點，找到適合自己的書才是。「否則看不懂的書，是不會想讀的啦！」順著書單精準閱讀，孩子才發現，原來閱讀不痛苦。

親眼目睹學生的閱讀進步，新埔國小並不是單一個案。同在板橋區的文德國小，丁思與老師說自己班上就同時有閱讀能力落在全國最後百分之一的學生、也有排在全國最前百分之一的學生。Smart Reading的系統推薦書單之後，本來以為讀不懂書的學生，才發現原來自己有興趣讀，也可以讀、只是以前沒有找到適合自己的書而已。校長李慧美說：「確實就跟醫生開藥一樣。」

「讓停滯的孩子找到成就感太重要了！」丁思與說，個人書單不僅給較落後的學生嶄新的信心，就連本身擅長閱讀的學生，也能跟著書單的建議，繼續挑戰自己。「本來閱讀能力已經是同年齡學生最前百分之一的同學，DACC的等級又從十一進步到十二！」（中文閱讀能力適性診斷評量，Diagnostic Assessment of Chinese Competence，簡稱DACC。）智慧化推薦的個人書單，證明了建立「適性」閱讀可以幫到各式各樣的孩子。

閱讀不偏食，突破能力關卡

一般的大數據技術，通常被運用於猜測消費者喜好，並持續投其所好，加強行銷推薦。Smart Reading雖然同樣善用大數據，但和串流平台上聽歌、跳出的「猜你喜歡」不一樣，即使是學生不擅長的領域，系統也會推薦適合的書籍，鼓勵學生均衡閱讀。

「老實說，孩子一開始都會優先從書單上找自己喜歡的領域找書來看。」長年推動閱讀的文德國小校長李慧美說，同樣的閱讀能力，書單上有各種領域可以選擇，可以因應教學現場的策略來搭配，針對不熟練的能力加強練習。「比如圖書館會規劃昆蟲週、史地週、名人傳記週……讓老師利用當週主題，設計簡單的口說分享，鼓勵學生接觸不同領域的書籍。」

相較於國小，國高中的閱讀策略會和學科能力做更多連結。一〇八課綱後，會考的方向強調理解、素養，而非記憶背誦，因此閱讀能力的培養，對應考來說也是必須。輔導員許欣霖補充：「在系統上練習閱讀測驗，AI可以來幫忙解構文章、抓出關鍵字。」學生在Smart Reading上不只獲得成就感，更能精準了解如何補強自己的弱項。

幫學生找成就，也幫老師強化教學策略

新北市政府教育局中等教育科科長吳佳珊表示，個人書單只是第一步，後續老師更

能在後台看到「字詞辨識、表層文意理解、文意統整、推論理解、分析評鑑，這五個類別，我們班普遍在哪一類比較弱？」，可用教學主題關鍵字去找閱讀素材，持續獲得調整教學的助力。

李慧美校長起初沒有預料到加入Smart Reading的效果。「沒想到學生明顯感受到自己的進步！老師們也很感動，會聚在一起討論、嘗試別的老師的做法。」對於本來不看好Smart Reading適性閱讀系統的老師來說，這更是正向的良性刺激，更有動力繼續優化班級的閱讀成效。

新埔國小的黃姵穎老師則特別提醒，在教學現場若帶領不同組別各自閱讀不同難度的書，老師必須格外謹慎。「學生難免會鼓譟：『那組看的書也太強了吧！』這種時候老師就要特別強調，閱讀沒有要和別人比高下，自己有進步就好！」

普通學科或是教材統一的場合下，若老師採用異質分組來帶討論（將各種程度學生均散在各組），會發揮出「強帶弱」的效果：強的學生比老師更能知道同儕思考上卡關的點，再幫助同儕之後，也會因為再次消化、解說過內容，而使強的學生加強深度理解、發揮更好表現。「但適性閱讀的精神是不同教材，所以若能在組內和相近SR值的同學討論同一本書，其實他們發言反而更不緊張。」

要在大班課上，顧及每個孩子不同的能力和興趣，是教育現場要推動適性教育最不容易的天險限制。新北市政府教育局善用大數據和AI最基礎最核心的理念，照顧每一個學生的差異性。導入Smart Reading適性閱讀系統，智慧化推薦的個人書單，就像是一次量身訂做的閱讀健檢報告，也讓老師在現場能發揮更多的可能性。

1-3 從特殊教育，看見個別化教學影響力

小牛老師今天踏進集中式特教班的教室，布置幾位學生位子上的平板電腦，還有他事先準備好的教材。每個孩子的需求都不一樣，腦性麻痺的小蓓，要用平板學習辨識交通號誌；語言障礙的薰薰，要跟著語言治療師提供的範本，練習發音咬字；自閉症的強強，不擅長感受他人的情緒，但他今天很期待跟著老師一起使用線上平台，分辨上揚的嘴角、緊縮的眉頭，這些表情分別代表哪些喜怒哀樂。

即便是同一種病症或障礙的孩子，他們的障礙程度、認知與情緒功能、學習歷程也都可能和彼此有很多差異，需要設計不同的學習目標和課程內容。「個別化教學」在沒有平板的時代，就已經是特教老師每天的必經日常。和普通班的老師比起來，特教老師站在講台上的時間很少，會頻繁地在孩子身邊輪流走動。比如當老師正在為A學生示範

這個國字的筆劃時，B學生就喊說剛剛的小作業寫完了，要老師趕快過去看，這樣的情形是家常便飯。

加入數位工具，照顧個別學習

身心障礙學生的個別化教學典型案例，以海倫凱勒和她的家庭教師蘇利文為代表。由於父母都出身望族，因此為海倫請受過專業教育的蘇利文，來擔任家庭教師。海倫凱勒不只學會手語和點字，還學會了英語、法語、德語、拉丁語和希臘語，以優秀的成績從哈佛大學文學院畢業。從海倫凱勒的故事，可以發現擁有一位適配的「家庭教師」，是件多麼重要、但在那年代又是多麼奢侈的一件事。

海倫凱勒逝世逾五十年，如今隨著平板和線上教學資源的普及，即使沒有家庭教師，個別化教學也能實現。和紙本相比，平板多了聲音、光線的感官刺激，能夠納入動畫、錄音、互動小遊戲等多元教材。新北市龍埔國小特教組長施信源說，特教生的視知覺能力，從純用紙本到加入平板，多了許多發展。

某些認知能力很好、但因為有身心障礙而答題緩慢的資源班學生，因為有了平板，改採提交錄音檔的方式，讓老師理解他的學習心得。不侷限於以筆試方式衡量學習成效，不只大人驚喜，孩子也更有成就感。雖然硬體維護是部分老師和家長的隱憂，但對「閱板無數」的施信源來說，「只要選對廠牌，現在的平板都很耐操，摔好幾次也不會壞。」

「有的孩子視覺記憶不好，但聽語音報讀時就很專心；有的孩子聽課時很容易發散，但用繪本上課時，卻能發現他的圖像記憶很強。」加入多媒體教材，就更能觀察到孩子不同的感官能力、有助老師調整學生學習知識的形式。運用線上教學平台，則能在答題過程中即時提供語音提示或直接對孩子的答題做出簡單批改，為老師分擔一些批改作業的工作、讓特教老師更專注於陪伴學生以及教學策略的優化。

「老師人力有限，需要的支持資源很多。而平板就像助教一樣。」新北市政府教育局特殊教育科科長曹孝元說，新北幅員廣大，除了安排資深督導、長期在單一區域支援當地的特教老師；採購特教軟體，也能協助老師不必每個教具都自己動手做。

融合教育，特教生、一般生都成長

少子化在臺灣已經不是新聞，令人意外的是，特教生的人數反倒逆勢成長。一些在就學後才比較容易被鑑別出來的「隱形障礙」，如學習障礙、自閉症、情緒行為等障礙，其「鑑出率」正在攀升。專家預測，隨著社會上對這些障別的意識增高，臺灣未來特教生的比例還會繼續上升。

正因「特殊」，這些孩子的需求差異相當大。除了以培養「生活自理」技巧為重點的特教班，也有資源班，著重提升孩子的學業能力和「團體生活適應力」。學生被分的班級種類並非一次定終生，而是經過學校老師觀察後，隨著學校與家長共同制定的「個別化教育計畫」（Individualized Educational Program, IEP），不斷滾動式調整。例如輕度自閉症的軒軒，經過閱讀與社會技巧的訓練之後，能力進步到一定程度，便開始回歸普通班級上課。

另外，對輕度障礙的特教生來說，進入普通班和一般同學一起上學的「融合教育」，帶來的進步往往出人意料。「一旦交到朋友，去上學的意願就會大幅增強。」透過和多元性格的同學相處，對社會化的發展大有幫助，「而且不只是對特教生本人的發展有幫助，一般生也會成長很多！」許多特教生家長擔心小孩被霸凌，一般生的家長則擔心小孩的受教權益受損。但曹孝元分析，「公立學校就是一個小社會，如果一味護著小孩、一路護到出社會，那不就成了溫室裡的花朵？從這個角度來看，一般生的求學過程中，能遇到特教生，是增加社會經驗的很好機會。」

融合教育不代表要求零衝突、融洽相處，若一味期待一般生「體諒」、「容忍」有特殊特質的學生，對雙方都不是好的發展，反而將醞釀成新的隱形歧視。新北市家庭教育中心的主任王瑞邦分享，任何的關係經營，第一步都是溝通：傾聽對方的聲音、表達自己的感受。不急著強加結論給對方、不否定自己的感受，情緒沒有對錯之分。承認和辨認自己的情緒之後，就有可能改變情緒之後發生的其他行動。提早練習跟不同特質的人相處，以後打工、上班，不論是遇到「固執的同事」、「愛生氣的老闆」、或「個性與想法和自己差很多的合作對象」，才會了解如何應對和調適。

國外研究指出，特教生的手足，有很高比例都在積極性、包容力和領導特質上有更突出的成熟表現。也有不少企業主認為，擁有較多與「異質化同儕」相處經驗的求職者，普遍比獨生子女有更好的團隊合作能力，也更善於理解，歸納團隊中的不同意見。當ＡＩ科技的出現，讓許多人焦慮於工作是否會被取代，特殊教育卻教給我們一課——人際互動的軟實力、來自於願意理解不同特質的柔軟心，這仍是科技無法取代人類的要素之一。

第 2 章

升學選擇

——把興趣變成負責任的形狀

2-1 一校一特色，掙脫排名思維

「國三的氣氛喔，因為有會考啊，還要擔心高中怎麼選。也是蠻煩惱的，國小、國中，就是照著學區去讀嘛，不用思考這些。」

「我們以前的時代不用想這麼多，只是照著分數去填志願。但現在我倒不希望我女兒這樣，只靠別人口中的評論，就決定未來三年要讀的學校，那跟媒妁之言豈不是差不多。不如去參加OPEN SCHOOL的一日校園體驗，這樣還比較好！」

學校也能「開箱」？

新北市從二〇一九年開始鼓勵在地高中職舉辦各種形式的校園「開箱體驗」，不只要讓家長學生親自感受校園的設備與氛圍，更要學校拿出最亮眼的特色課程，找到興趣相符的目標學生。

比如有孩子想要進修學費甚為昂貴的茶藝課程，在石碇高中就能學到。除此之外，還有天文觀測課程，喜歡地球科學的學生能在此享受到天文望遠鏡和各種觀星設備。林口高中也同樣有全套天文特色課程，還有全臺唯一的射擊課程，就連國英數社自也各自融入不同的科技化教學。

三重高中以日文的第二外語課見長，不只學語言，大和民族的深度文化也能攝取；丹鳳高中有新北唯一的「衝浪物理」，用海洋運動學習流體力學；此外還有大學設備等級的化學實驗室設備，足以讓愛科學的孩子眼睛為之一亮。

高職的課程開箱同樣有深度。「大家常常以為『模具科』就只是在做塑膠娃娃。」三重商工讓來參觀的國中同學實際操作衝床機具，並介紹校內的「模具設計中心」投入口罩支架、智慧汽車零組件設計製作與模擬實際產線的狀況。中和高中則分別以高一多元選修、高二的校訂必修，介紹理工取向的「密室逃脫」程式語言課程、以及文史取向的「擺接模組」實地踏查課程。

「學校今天一定是拿出他們最好的成果，如果連一日體驗都『感覺不對』，我們就可以大膽地把這間從清單上先劃掉。」有的家長注重跨域修課，有的學校重視國際交流，這些開箱場合讓彼此更能面對面確認：「我們適合嗎？」。當高中職的校門打開，學生和家長走進來，意味著學生更能找到自己中意的學校，高中職也能吸引到學習動機更強的新生加入。

睡飽、學好、學校走就到

在著重適性揚才的一〇八課綱下，較無升學包袱的社區型高中，透過這波「一校一特色」的努力，充分發揮亮眼的成果。在地就學讓孩子「睡飽、學好、學校走就到」，一位地方老師更分析，社區型高中為了突破招生瓶頸而積極開發特色課程，不僅有利於吸引新生，也提高了課堂的滿意度。特色課程激起孩子的學習動機，老師也發現上課氣氛更好帶，原因很簡單：有適合、有興趣、有成就感。

從社區高中老師的角度來看，也許是因為「不希望在地學子都被明星高中吸走嘛！」

然而，對一些學業表現在中、後段的學生家長而言，送去重視升學的學校，反而是打擊小孩，最後也是折磨到自己。身在重視適性發展的新北市學校，不被預期考上明星學校的學生，不但不會被當作二等公民，反而因為特色課程的資源多，可以更快用刪去法，找到新的路。與此同時，學業表現在前段的學生，其實也非常需要適性教育和自主學習，「如果不知道以後要幹嘛，卻一直讀、一直讀，他也是會煩。但若能找到熱情，那麼學什麼都會很快，也會從中找到謀生和快樂的方法。」

建立支持系統，受教品質更好

這些特色課程的經營，在過去的升學年代並不常見。新北市政府教育局中等教育科科長吳佳珊解釋，新北市特色主軸相近的高中，會跨校組成工作圈，比如法政、雙語、資訊……，校際之間可以共備課程。志同道合的老師，即使不在同一所學校，也能互通有無。「讓各種特質的學生，提早認識自己的志向和熱情，也會帶動各方面的學習表現。」新北市教育局的政策背後，都依循著這樣共同的理念邏輯。

除了打開校門，讓在地國中生，甚至國小生，可以注意到高中職學校的特色，為了經營這些特色，學校必須更加突破「國英數社自」的學科分壘，也要循著學校條件放大自身優勢，甚至引入大學的專業課程資源。這其實對於第一線老師來說，是很辛苦的。教育局很重要的角色，就是要把支持系統建立起來。這樣既讓學校老師不必單打獨鬥，學子和家長也能獲得品質相近的受教品質。當學校有了自己的獨特優勢，對學生就是最棒的「適性教育」示範，學校和學生的成就與快樂，就不必建立在排名思維上。

2-2 連線校外資源，自主學習找到責任心

「她唸服飾科之前，她爸爸本來很反對喔，認為她只是一頭熱。沒想到現在為了記住各種工具的英文簡稱，她開始累積一本『英語專有名詞單字簿』；而且下課都在看YouTube上沒有字幕的英文影片，說是最新穿搭趨勢不能等翻譯，嚇壞我了，以前沒有看她對英文這麼認真過。」

這種彷彿愛屋及烏的學習情形，在教育心理學上稱為「學習遷移」，意指學習A事物之後，連帶影響了具有相關性的B事物的學習。以新北市政府教育局近年和師大合作的「專業英文」為例，技職生用專業領域的興趣，延伸帶動出學英文的新效果，成果就相當顯著。「如果是你想做的事，你就會想辦法完成。」學英文只是其中的一種例子。

專業領域不只勾起技職生的學習動機，也能為高中生的志趣熱情添加柴火。大學科

系擁有豐富而細緻的領域知識，但高中生的課表還在國英數社自基本學科中巡迴，如何接觸大學內的專業學問？「對人類學系有興趣，是因為喜歡體質人類學嗎？還是對考古有憧憬？還是因為民族誌很有趣？會不會其實自己比較適合社會學系？」高中老師如果遇上學生鉅細靡遺的疑問，憑一己之力該如何應對？

線上修習大學課程，提早認識專業領域

過去，高中生若想提前認識大學科系和實際課程，受限於時間、空間，觸及率有限；但隨著大學發展線上課程的趨勢，新北市由教育局，連同陽明交通大學、政治大學、臺北市立大學、臺北大學、馬偕醫學院開放多達十八學群、超過一百門的線上課程，為市內四十七所公私立高中，設置暑期課程專區。全新北四萬多名學生只要使用自己的帳號登入，到哪都可以免費進修。

「完成修課還可以拿到證書，把經歷加入自己的學習歷程檔案，很有成就感，而且重點是不用花錢。」許欣霖輔導員表示，「就算沒有修完，也比較了解那個科系的課程

在教什麼，以後就不會只是看著系名填志願，最後發現不合才轉系。」

對新北市政府教育局中等教育科而言，推動高中先修大學課程，不是為了增加競爭，而是讓學生有更多提前探索的機會。畢竟在國英數社自的學科分疊中，並不容易看見更多分工更為細膩的專業領域存在。以陽明交通大學開設的生物醫學基礎課程來說，就讓原本只對醫學有興趣的學生進一步發現，自己未來除了當醫生之外，還有從事生技研究或是醫學工程等多元選擇。

此外，暑期課程平台上還有「人魚線研究院」，由輔仁大學醫學系的教授結合體育系內容，從運動角度來教授人體骨骼肌肉系統的「運動醫學」知識。如果孩子對高中學科的課本內容雖然理解、但興趣缺缺，很可能適合從大學更廣闊的科系課程中，找到能激發志趣的突破點。

自主學習之後，老師的陪伴更重要

除了大學開放的線上課程，網路世界中還有數不清的進修資源，使現在的學生有了很多自由開放的空間，可以從中探索興趣，實踐一〇八課綱「自主學習」的學習方式。但是許多人心中仍有疑惑：「難道一連線上網，學生就會自動自發地學習嗎？」

國家教育研究院研究員洪詠善說，習慣考試的學生、家長、老師，要轉向「自主學習」的邏輯，確實不容易一蹴可幾。教學現場的第一個困難是，老師不一定有帶領學生「自主學習」的信心。「萬一學生說『我想學投資』，但老師的專業不在這怎麼辦？」

洪詠善點出，現在線上資源越來越容易取得，老師已不再是學生獲得知識的唯一來源，老師的角色可以從指導，逐漸轉向陪伴。比如哪些平台的資訊正確性比較值得信賴？如果要尋求額外支援，怎麼開口才得體有禮貌？「有個學生想做登革熱抗原的培養，但高中根本沒有這種實驗室啊，查了之後發現長庚大學醫學院有！」於是在導師的鼓勵下，學生自己寫信給長庚醫學院，表示自己是誰、想做的題目是什麼、能否什麼時間前去借用設備幾次……「結果教授真的深受感動，說好那你來吧！」

學生有能力自主學習嗎？

第一線老師擔心的另一個疑問是，學生真的有能力自主嗎？「最怕都趴下睡覺！」除了用先備課程，帶領學生初步認識各種領域、分析自己、設定目標等等，洪詠善也提醒：「當孩子還沒準備好的時候，先不要強迫，否則就會變成功課。」不要害怕緩一緩、想一想、聽一聽別人的分享，「真的沒想法的學生，也可以先給他一題去試試看，學生可能是選擇障礙，其實心中已經有答案。」自主學習並沒有統一的教學方法，但只要理念對了，方法就會出現一百種。

所謂適性教育，不是盲目鼓勵：「不管你做什麼都會成功的！」。與其問孩子做什麼你最快樂，更完整的提問是：「做什麼事，會讓你即使遭遇挑戰和磨練，也很甘願？」當老師的心態越來越願意聆聽孩子的想法，就會越來越常被「原來學生喜歡這個！」所驚喜。

2-3 多元入學，已不是多「錢」入學

孩子是國家的未來，只要談及教育改革的話題，總是會勾動大人的敏感神經。「只要考試還在，教學現場就很難改變。」一位高中校長坦言。家長一方面渴盼將孩子帶離考試升學的枷鎖，但當談及多元入學時，仍然存在質疑的聲音：「如果沒有錢送小孩子去參加各種夏令營，他的書審資料是不是會輸給家庭更有財力的學生？不考試，公平嗎？」

考試，真的公平嗎？

針對這個問題，臺北大學社會系教授陳婉琪，選擇直接從二〇一四至二〇二〇年的全國性考招資料找出答案，分析結果竟意外地不同於前述質疑的直覺判斷——數據顯

示，在第一階段的全國考試，經濟弱勢生的表現確實吃力；但若以同樣的考試分數進入第二階段的書審面試，經濟弱勢生的則高出一般學生約百分之十五。

以下是研究結果的四項重點結論：

一、經濟弱勢生個人申請及考試分發錄取的比例皆低：研究團隊推論，可能一旦涉及考試，經濟弱勢家戶子女在升學過程中就有較高的被排除機率。也可能是出於家庭財務壓力，提早選擇進入就業市場、放棄升學。

二、經濟弱勢生錄取劣勢主要發生在一階，而非二階：研究團隊發現，雖然經濟弱勢生之一階通過率始終低於一般家戶考生，但此落差正在逐年縮小，可能是招生扶弱政策顯露的效果。

三、相同學測成績下，經濟弱勢生之二階通過勝算高出百分之十五至十六：研究團隊推論，可能是相同成績的經濟弱勢生，在面試或書審過程中會反映出更多天賦或努力，並顯露出克服逆境的特質。

四、經濟弱勢生之頂大二階通過率高於一般家戶生：考量到必然會有人想追問「現在人人都有大學讀。大眾更在意的可能是進入好大學吧？」，研究團隊將分析範圍縮限為頂大，依然得出相同發現。

以上研究發現，證明了「多錢入學」一詞屬於迷思，但尚無法深入解釋細緻的質化原因。不過，透過作者團隊引用的相關研究，已經能看出「書審面試並非軍備競賽」，比如克服逆境，也可以是吸引面試官的重要個人特質。

弭平差距，打開發展可能性

國家教育研究院洪詠善研究員進一步解釋，「學習歷程檔案是重質不重量，教授想看到的是學生自己的想法、動機。是不是自己做的、或者是不是用錢堆疊出來的，教授其實很容易看出來。」換位思考，如果你是面試官，你會想收有想法、有動機的學生，而不是堆滿活動證明的學生。學生如果能從活動或學習歷程中，展現出自己的反思，才不會流為千篇一律的樣板自傳，因為那份反思才是與眾不同的亮點。

或許中產階級以上的家庭，確實有更多機會帶孩子體驗各種不同的事物，但新北市政府教育局的諸多政策，比如「生生用平板」，以及平板內可使用的多種教學平台、線上課程，都在致力於運用數位資源弭平差距。偏鄉交通不便的孩子、需要獎助學金的孩子、隔代教養的孩子或者是沒有餘裕出國見學的孩子，在各科室都有相應的支持方案，因為教育局的信念是每個孩子的未來，都值得用教育去投資。過去的教育制度，只陪伴擅長考試的孩子。但社會上需要各式各樣的人，不論是學習落後的孩子，還是課業優秀的孩子，都應該獲得更多的發展可能性。一個孩子想做教授或想做音樂家，應該由他的潛能與意志來選擇，而非他所擁有的資源來為他選擇。

適性教育，不是「為學習落後的孩子找出路」，而是「為每個孩子找到最適合發展的潛能」。社會傳頌三級貧戶經過聯考苦讀最後當上總統的例子，聽來勵志，卻也隱含了對總統的職業崇拜。但教育改革的方向不只是翻轉階級，「教出總統」不該是教育的目標，而是應關注到每個孩子最好的發展。若大人願意看見孩子本來就有的獨特翅膀，孩子才會長出成就感與責任心、孩子才有可能飛到比我們更遠的地方。

2-4 頂尖模範生，等於不用操心的孩子？

試想你在一個熟悉的環境待了十二年、十六年、甚至二十年，你很擅長其中的遊戲規則，總是表現得很不錯，因為這套規則不太變動，這裡就像是你的舒適圈（Comfort Zone），你感到放鬆，有自信，一切井然有序。

對頂尖模範生來說，這個環境就是學校，可依循的評量規則便是考試。但每個人終有必須離開學校、進入社會的一天。

以探討職涯議題聞名的盧美妏心理師，曾在社群平台上表示，有許多走進會談室的個案，從小很擅長考試，但當他們出社會後，職涯遇上瓶頸、婚姻出現難題時，他們面對問題的第一個想法卻是——「那再考個MBA吧！」。拿到學位後，他們的人生因失去了前進目標，再次陷入不安。英國心理治療師娜歐蜜．夏拉蓋（Naomi Shragai）在

《錯把工作當人生的人》書中剖析「神經性高成就者」的特質，他們經常在工作上不斷追求更高的升遷與待遇，藉此迴避他在生活中處遇到的挫折。即便從名片頭銜上看起來是成功人士，但他們的身體健康狀況、與家人之間的關係，早已嚴重惡化。

坊間不少勵志文章經常鼓吹「跳脫舒適圈」的好處。要有抗壓性，只要克服恐懼，就能獲得更大的成功。動物園的獅子如果未經訓練、就被貿然野放到大草原，全新的生活環境中，再也不需要對遊客展示漂亮鬃毛的能力，習慣的秩序失靈，獅子一下子失去他的價值與肯定，自信心就要從零建立。

那怎麼樣讓「很會考試」不再成為模範生的緊箍咒？

練習對「沒有標準答案」感到安心

歐美的老師經常問孩子：「What do you think? What do you want to do?」經常帶學生到國外參訪交流的樟樹國際實中校長陳浩然說，相對於習慣給答案的亞洲老師，歐美更常給問題，而這些問題都是沒有標準答案的。透過這些互動，無形中培養了學生擇自己所愛、愛自己所擇的一種魄力。

選擇的能力，也是各學科在一〇八課綱之後，才越來越受注重的思考訓練。這裡說的思考訓練，並非指思考什麼才是正確答案，而是訓練學生釐清自己的價值觀。

楊京儒在新市國小帶領五年級的孩子閱讀英語繪本——《*The little house*》，她驚喜地發現，繪本閱讀能引起高年級孩子很多的立場討論，也讓她看見孩子獨特的想法。

「《*The little house*》故事一開始，有一個坐落在小山丘上的房子，周圍都是花草樹木，晚上還能看見滿天星斗。年復一年，小房子周圍的建築越蓋越高、草地變成了馬路、星光變成了商店櫥窗裡的燈光……」自然景觀的流逝讓人傷感，但都市化帶來了便利與熱鬧，這和淡水新市鎮的發展軌跡互相呼應，老房子該不該保留，成為孩子熱烈討論的話題。「任何意見表達都應該被尊重，老師自己可以有立場，但要放在心裡。」楊京儒注意到，原本有的孩子平常上課不太發言，但在像這樣沒有標準答案的討論情境下，孩子反而可以侃侃而談！過程之中也練習到了情意表達。

打開對美好事物的感受能力

在心理師盧美妏和娜歐蜜．夏拉蓋的執業經驗中，考第一名、拿到名校學位、獲得加薪和升遷，是許多模範生逃避現實的手段，而不是快樂的答案。每個人快樂的來源不一樣，不過尋找快樂的能力、對美好事物的感受力，方法竟可能藏在「美感教育」裡。

「美感教育」的內涵，經常被片面誤以為是「美化環境」或「才藝訓練」。擔任亞太地區美感教育研究室主持人、並曾為美國華盛頓大學訪問學者的洪詠善解釋，為了感受美，人的感受力會因此打開。「什麼會讓你感受到『好美！』？可能是從詩詞、也可能是從大自然，或者把家裡整理好、放個音樂，都可能為你帶來喜悅、協調、舒適的感受。」當一個人能感受美，他也就能覺察自己的快樂來源。

新北市政府教育局近年推動美感教育，透過環境、活動提供各校藝術體驗機會，讓孩子在生活中接觸美學，也提升大人的美感概念。有些家長會問：「我的孩子學科表現已經很好，對科學這條路很有興趣，為什麼還需要去探索美感？」「如果你去看愛因斯坦或是很多科學家的傳記，會發現他們很多人都會拉小提琴或各種樂器呢！」洪詠善回答，參與多面向的生活經驗，學生能從中獲得平常無法吸收到的靈感，也能暫時擺脫物質生活的束縛，在精神世界中獲得自我修復的能量。

「第一名的學生也是會對一直讀一直讀感到厭倦的。」王瑞邦是新北市家庭教育中心主任，比起校園體系，他看見更多親子之間說不出口的掙扎。「我們有能力把所有資源放在一個孩子身上，但我們真的知道這個孩子在想什麼嗎？」

「適性教育」不只是要找出孩子的潛力與成就，也是在協助找到屬於個人精神世界的快樂。適性發展並不是給學習落後孩子另謀出路，許多升學體制中的模範生，都在面對「熱情在何處」的難題，只是可能會在一路唸到名校畢業之後，才驚覺尚有這道未解的題——坐擁家長眼中「更多、更好的選項」，卻做不出選擇。要避免成為升學主義下的「重災戶」，不再「因為會讀，所以就讀」，大人請勇敢鼓勵孩子探索熱情，讓獅子無論是在動物園還是大草原，都能為自己一直勇敢下去。

第 3 章

職涯機會

——連結實務，把路走寬

3-1 職業試探中心，動手做一次見真章

「我家兒子啊，拿到珠寶金工比賽的獎盃，但是他的學科成績也可以考上一般國立大學，他的爸爸跟阿嬤都希望他還是選個就業比較有保障的科系，不要冒險……」

「哪有什麼冒不冒險的啦，又不是去當黑道！小孩子對自己有興趣的事情吼，都很有辦法啦。」

孩子能在學生時代就挖掘興趣、並學會為興趣負責任，是值得感恩的事。三十五歲的佳玲（化名），在大學剛畢業時，起初懵懂地進入外貿公司上班、又輾轉去到海外創投公司，最後才意識到自己最熱愛的是新聞工作。這時的她二十八歲，所受的訓練不比本科生好。然而，在小報社苦磨數年後，成為國外大型報社的研究員，在臺灣遠端工作，專為記者同事提供分析資料。

雖然較遲，但在職涯熱情上找到歸宿的佳玲，終究是幸福的。每個迷惘又假裝忍耐的大人，都曾經是個孩子。教育環境有沒有可能多做些什麼，不只是多引進一些情報，更多灌入一點勇氣，讓「未來的大人」不要在出社會後，才開始獨自掙扎探索？職業試探中心，強調不論結果、有嘗試過，就是為自己踏實負責任的開始。

摸得到設備，「讓我進廚房熱一回」

什麼是職業試探中心？有鑑於臺灣學生經常需要在對職場世界所知甚少的情況下、就要開始「填志願」。職業試探中心透過模擬職場環境，增加國中小學生對真實職業的認識深度，也增強孩子對多元職業的想像廣度。新北市則是全國唯一完整涵蓋工業、商業、農業、家事、海事水產、藝術及醫護七大類別職探中心的縣市。

職業試探中心，其中最重要的字，就是「試」與「探」這兩個動詞了。不是每個孩子心中都已經有答案，有些人還不知道興趣在哪，有些人還沒有遇到更準確的刺激來觸發他，有些人則可能對嚮往的職業還有偏狹的印象。

「去體驗、去探索，不代表就要走這條路。」江彥廷是目前全國唯一一位技職科科長，他說：「沒有試過，怎麼知道那種職涯跟自己的想像一不一樣？也許嘗試之前，覺得什麼都很好玩，卻不知道其中的甘苦談。」以餐飲為例，也許孩子對吃很有興趣，但在進到職探中心內部，仿照專業廚房設置的爐火之前，可能沒想過怕熱也是需要考慮進去的一大挑戰。

這樣的觀點，目標並非打擊孩子，而是提供更真實的資料與體會，讓孩子做出更踏實的判斷。實際體驗之後，有人或許會發現，這份職業中隱藏了一條自己不願接受的底線，也有人會更確定自己真心熱愛，無所謂「這麼苦」，仍然無怨無悔、樂此不疲。

雖然新北市目前擁有十六所職業試探體驗教育中心，數量為全國最多，但江彥廷科長說，這還不足以滿足全市國中小學生在實作探索方面的需求，因此更要與技職學校及產學合作，創造多贏。

「想要學動力機械，至少要摸到引擎一次吧？至少要看看動力、看看怎麼啟動的吧？」透過和在地技高合作，新北市的職探中心並非扮家家酒式的體驗，而是能持續看到業界最新的設備。技高因為是企業「獵才」的重要場域，以電子科為例，瑞芳高工年年都會收到來自家電大廠禾聯碩，無償提供的智能家電產品，讓學生們隨時都有「實驗品」可供拆解原理。學生不只是學維修，也能用更貼近商業應用的思維，考慮投入實作研發。

這也是「職業試探中心」有別於職人講座、企業參訪等等職涯探索資源的關鍵原因——「講座和參訪，多以口述資訊為主；想要直接動手做一次，只有在有設備的職探中心才能做到。」

職場探索挖潛力，不分普高技高

佳林國中，與鄰近的長庚醫院合作，開設了全國首創的「醫護類職業試探體驗中心」，不只所有的設備都和醫院同步，連量測心跳時用的假人嬰兒，重量也依照真實數據而設計。過去要在大專實習階段才能見識到的場面，國中小學生就能無壓力地嘗試探索。

目前職探中心提供的體驗工作，雖多以技職的群科分類出發，但新北市政府教育局下一步的目標，希望打破高中職的職探分野，回應社會上思辨和技術多元揉雜的工作種類，「比如我們正在和新北鄰近的大學傳播系討論，合作開放『記者』職類的探索。」如果二十年前在新北就學的佳玲，能有這樣提前試探的經驗，不但更有機會選到自己所愛的科系、也不必在出社會後用六年獨自摸索，就能更早找到讓她精神抖擻的新聞研究工作。

全國唯一技職科科長江彥廷表示，雖然他在新北市政府教育局積極提升技術職業的多樣化選擇，但並沒有要和普高體系「尬輸贏」的意思，只要讓實作學習的價值重新被看見，學生就更有機會在嘗試的過程中，找到自己的熱愛、發揮自己的潛力，才是最重要的事。相信你若有機會看到他，目光一定會被他的外套上的別針吸引，因為上面就寫著：「放對位置，人人都是天才」。

3-2 創意加跨域，「技術型人才」大增值

位於新北市汐止區基隆河畔的這所中學，環境的氣氛和其他學校明顯不同。除了校舍建築寬敞明亮，走廊上還擺了高腳椅、高腳桌和螢幕，供學生隨時討論使用。這樣的配置，通常在Start-Up（科技新創公司）才會見到。

「培養『創意』是我們的辦學理念，而創意經常需要透過人跟人之間的討論，激盪出來。」這個學校的環境，隱隱流露出一種「把學生當成大人看待」的氣氛。校長陳浩然十分自豪，「重點是，讓他們任意隨性，讓他們自在。」

創意不能等待靈光一現

學校不只是創造出自在的空間之後，就「佛系」地等待學生自己把創意孵出來。所

有學生都需要修兩年的創意學程，第三年實作專題。陳校長在桌上鋪開十幾本的教材，有曼陀羅思考法、想像力開展法、魚骨圖法、心智圖法……每本都是要培養學生創意思考的工具。每本都是親手編寫，每本都附有輔助教案。

比如為了訓練聯想能力的「隨時隨地一秒入戲」，由教師給予情境、請學生在三秒內呈現出該情境可能會出現的動作。若題目為「搭公車」，學生能否聯想到「抓緊拉環、低頭滑手機、按下車鈴、急煞快摔倒」等等各種不重複的動作？

大家常常誤解「創意」來自於靈光一現、彈指之間，但其實要刺激新想法誕生，有方法可循，也需要訓練。

你大概已經可以猜到，這所學校也許是所「實驗中學」，才能以如此突破的方式挖掘學生創意、使潛能不被埋沒。但你可能很難猜想到，這同時也是一所技職學校——樟樹國際實創高級中等學校。

跨域選修，打開輔助技能

一〇八學年，臺灣的高中、高職人數出現「黃金交叉」——高中就學人數首次超過百分之五十，未來高中及大學的文憑，可以預期到相應的價值縮水。而在社會型態的轉變下，技職教育也將迎來一波精緻轉型。

樟樹國際實中如此注重技職生的創造力，正是因為發現必須設計與製造知識並重，才有可能讓創新的產品落地問世。陳浩然說，跨域人才抓得住別人沒發現的機會。「光是拿著好創意去工廠，最後做不出來、甚至大吵一架，這樣的故事確實比比皆是。但光只有技術知識也不夠。如果從來沒有受過『跨域』的訓練，那協作的時候你怎麼會聽得懂另一個部門的同事在說什麼、在想什麼？」

樟樹國際實中刻意安排設置資訊科、多媒體動畫科、流行服飾科，三個看似非常跳躍的領域學生共學。「因為學校的目標是培養創意人才，而創意，往往來自不相干事物對撞出來的火花。」雖然看似不相干，然而哪個產業不需要資訊科技的服務？哪些作品不需要美感的注入？

有種迷思認為，技術人不必懂太多「其他的事」。執業超過十年的動畫導演小朱卻以影像工作為例：「很多影像專業的工作者，想法容易被技術框限。如果有受過社會科學，或是一些批判思考的訓練，對作品會有更好的幫助。」從單純的動畫技術支援，到漸漸成為能夠統籌腳本、美術、配音、配樂的動畫導演，甚至親自安排專案管理、客戶提案，小朱並不是越級打怪。「因為我懂技術，就能夠在提案階段直接回饋客戶：『這種做法時程上會來不及』。如果是沒有技術背景的業務，就比較難做到這件事。」

當技職教育回歸到孩子本身，專注打磨更上層的創造力與整合力，無論是在企業受雇、個人接案，還是創業，長期來看卻都能有更好的發展。

提升整合能力，條條大路通羅馬

除了樟樹國際實中，「跨科／跨群選修」已經是新北技高的發展趨勢。國家教育研究院研究員洪詠善舉例：「做會計，也要懂客戶的產業常識。很多工作，也都要懂行銷的知識。」假設一位淡水商工的餐飲科學生，選修了商管課程的組合，在未來很可能是從員工變主管的一把鑰匙。在具有完整商業類科的三重商工，機械群可以來修商業實務，商業經營科也可以去修工業實務、或是產品創意設計。這些多元的修課組合，並沒有必勝方程式。按照自己的潛能和興趣，逐步拓寬視野、提升整合能力，就能條條大路通羅馬。

因循著過去的社會風氣，將「高中職」兩種學生需要的資源合併辦理，實務上容易發生資源向高中傾斜的狀況。新北為了扭轉技職發展的弱勢，單獨設立了全國唯一的技職教育科，專心服務技職學生的就學品質。科長江彥廷更認為，發展技職教育的根本是適性發展，在有興趣的道路上培養成就，不是空泛的理想，而是協助孩子提高人生滿意度的重要契機。

3-3 放眼運動產業，體育人才的職涯越走越寬

裁判哨聲響起，場上的小敏立刻跟對手分開。一退到休息區，她的運動防護員立刻上前評估她的舊傷、預防貼紮；教練則把握時間提醒下一回合的策略。

小敏回想在訓練中心時，體能訓練師建議她的步伐節奏，還有運動心理師教她的靜心技巧。她用毛巾蓋在頭上呼吸片刻，重新上場迎戰。

場邊的運動攝影師，掌握了運動員這場賽事每個精準的踢腿；畫面傳送到棚內的運動主播，賽評如數家珍回顧對手的精采瞬間；體育記者則拿著麥克風蓄勢待發，準備訪問選手。

小敏大學時代的體育系同學都來到觀眾席為她加油。他們之中有人正在籌辦大型運動賽事，有人投入運動器材的製造，有人剛考上公家機關的體育行政工作，也有人當了

好幾年的體適能教練後，準備開創自己的健身房品牌。

一百種拚命的樣子，一百種可能的路

臺灣的運動休閒產業，近年有顯著的產值成長。網路串流平台發達，國人能夠輕易地觀賞選手的海內外賽事，也能隨時上直播或社群平台，展開熱烈討論。有群眾注意力集中的地方，就有商機，從場館門票、周邊商品，到廣告代言，不一而足。

不只競技賽事帶動了注意力經濟，大眾運動的風潮更是興起。路跑、登山、自行車、攀岩、SUP（立式划槳）都掀起流行，帶動新北的山海觀光。健身房在都會區的數量更快速竄升，隨著國民運動風氣、健康意識提升，健康變老已成為趨勢。

這樣的大環境風氣，讓即將改制為體育局的新北市政府體育處，更有信心投入在地體育人才的四級銜接（即國小、國中、高中、到大學），甚至連選手退役後的職涯之路，也結合產業界搭起多元平台。

「以前大家對體育職涯的想像不多，但隨著運動產業越來越大，對人才的需求更多元了。」體育處競技運動科科長謝秀瑜，看過選手們咬牙拚命的一百種樣子，她說，除了選才、訓練、比賽、獎金，拓寬體育出路、銜接運動產業，更是新北市關注的重點。

為誰爭光？賽場之外的人生有光

「以前大人都很強調『為校爭光』、『為國爭光』，但我們現在反而想對孩子說，你沒有成為最頂尖的也沒關係。」體育局升格前，體育及衛生教育科以關注「校園內」的體育為主。科長何茂田解釋，競賽人才的發展是呈金字塔的形狀——多少位體育班學生，可是有多少位國手？如果體制只鼓勵國手，那誰來陪伴其他的學生？

運動競賽的本質，是源於對「藝」的欣賞、對「極致」的追求，因此場上也只會有一個贏家。但人生不是孤島生存遊戲，喜歡體育的孩子，沒有踏上賽場也不該被放棄。他們的潛力和所受過的一切訓練，在運動的世界裡其實倍有價值。

現職擔任棒球隊體能教練的林衛宣，從小學四年級開始打棒球，起初因傷忍痛放棄選手身分，卻意外在體育大學對運動科學產生興趣。他曾說：「因為當過選手，所以我可以更明白怎麼將實驗室狀況應用在實際現場。」雖然轉換了夢想的跑道，但卻能在喜歡的棒球場上留更久一點。

曾經有機會成為ＨＢＬ明日之星的許詩侑，因為嚴重的腰傷而需要復健一年，卻因興趣開始主持比賽、聯繫媒體、拍攝比賽，畢業後成為了職業的運動攝影師。「籃球場上需要不斷快速判斷情勢，過去的這些訓練，都對運動攝影非常有幫助。」她後來甚至還前往挪威拍攝極限鐵人賽。

「很多選手對轉職的不自信，經常源自認為自己不擅長文書和職場應對，但實際上企業對進用運動人才的結果風評很好。」除了團隊合作、心理韌性，談判專家莫麗・塔荷瑞波（Mori Taheripour）更指出，運動員能記住複雜的攻防戰術，仔細看賽事影片數小時並逐段分析，他們口中說的「我就只會打球」，在這件事背後做的每一項準備，都是職場需要的重要技能。

產業啟航，體育人的多元職涯

除了接住選手夢想暫時中斷的體育班學生，挖掘運動產業的其他職業選項，也能讓同樣喜愛運動、卻有各種特質的學生，及早探索從本科系延伸出的興趣和第二專長。

以東京奧運之後漸受矚目的「運動科學」為例，防護員、心理師、營養師、物理治療師，在運動領域的專業需求更加爬升。運動傳播的選擇則更多，除了傳統的電視台記者，還有網路上的體育賽評頻道、運動知識的科普Podcast，都需要「懂運動」的節目企劃。如果進入大眾消費市場，運動服飾、運動用品、智慧穿戴設備、線上運動課程平台……這些工作甚至還有跨國發展的機會。

要拓展「多元職涯」的觀念，不使頂尖人才的路越走越窄，教練的態度甚為關鍵。何茂田科長笑說，選手都很聽教練的話，「所以我們舉辦工作坊，鼓勵教練關心選手的多元特質。」不要只追求體保，不要提早放棄學習，不要鑽到沒路可走，多元試探，不只未來職涯可以斜槓，也會鍛鍊出開放成長的思維。

國家級體能訓練師廖歆迪曾說，運動使他更了解如何對自己的人生負責。心甘情願去承擔比賽結果的好壞，相信這是許多不放棄參賽的孩子都有的體會。適性教育除了要找出孩子發光的地方，也會隨著成就感的軌跡，將潛能降落在現實之中。放眼運動場外的世界，其實許多專業領域都是同樣的道理：打開產業視野，發展跨域技能，職涯之路就有更自由的翅膀。

3-4 新時代、新職種、新美感、新想像

「我剛剛去銀行開戶，職業分類表超難勾選的，農業和工業都有很多細項，但要在服務業裡面找到『網路行銷企劃』所屬的分類，竟然沒有辦法，找不到！可惡，我賺得很多欸！」

「沒辦法啊，你看我們從小看的童書，介紹的職業都是老師、警察、醫師、律師、廚師……你不覺得親戚聚會的時候，都超難跟長輩解釋自己的工作到底在做什麼嗎？」

農業社會、工業社會、工商業社會……，距離「第三級產業」這名詞定義出來的那天，人類文明又向前滾了幾次巨輪？網路早已不再是新東西，網路生態不知道演化了多少春秋。職業選擇與工作型態不斷變化，過去年代常見的「代代傳承」，如今成了長輩所困惑的「搞不懂你在幹嘛」。新的科技和生活型態，不但一直在創造新的職業，也在

改變既有職業的樣貌。

老職業正在嶄露新美感

「誰說在修車廠工作就一定是黑黑髒髒的呢？我們帶學生到德國參觀賓士的汽車修理廠，不只接待區光鮮亮麗，沙發舒適又有現磨咖啡，『技師』的制服也整齊硬挺。」

新北市政府教育局投入技職菁英的出國見學，即是因為看見這些職種在臺灣被低估的潛力，更要讓技高學生的跨國發展，不要受到想像力的限制。除了德國的汽車工業，再以農業強盛的澳洲為例，從橄欖油到葡萄酒，釀造、鑑定、品評，還有農場的科學化管理，知識含金量都極高。餐飲教育除了不分國家、地區都需學習的基本功，學生若前往進修日本料理，不但切合臺灣市場上的大眾喜好，還有機會深入理解像和菓子這樣的精緻甜點，如何把餐飲的職業價值更加推高。「對傳統職業、注入新的美感，會看到更大的職業價值。」樟樹國際實中的校長陳浩然，就是為了要讓學生看到更多、看到比上一代已知的更多，致力於推動學生拓展國際視野。

將「工人」正名為「技師」，或是投入制服、職場、乃至於品牌的美感，都會改變社會對一個職業的觀感；而創造新價值的核心，仍來自對知識的投資。建築師謝昆霖不只擅長自己做施工結構，也跨域投入教育議題。二〇二三年他在社群平台上一篇以「若臺灣要認真籌設水電系，會有多少東西可以教？」為主題的貼文，引出超過六萬個按讚、七千多次分享。若要佈局智慧家庭與環保能源，水電的重要性相當可觀。「半導體起初也只是不起眼的小工廠，臺灣有張忠謀把製造業當成研究所做，才把半導體做成先進半導體。」台積電因為建立了跨領域的知識體系，因而打造出競業難以跨越的護城河。

選擇適合的學習路徑

新北市政府教育局長張明文說：「每個孩子的學習方式不一樣，有的從理論當中延伸實作，有的從實作中了解理論。不論是學術或專業技能，在國際上就好像兩條並行發展的高速公路，都一樣很重要。」在過去，技職給人的印象，多以「盡快就業」為目標，並帶有一種「這樣也很好」的論調，能從中嗅到一種「不完全樂意」的感受。隨著近年有越來越多「會讀書的孩子也選擇技職」，臺灣社會漸漸開始意識到，技術型高中只是一種更強調實作的學習路徑，不代表降低學習，也不代表就業選擇較差。

曾經就讀復興美工的欣醬（化名），一畢業就申請上東京的美術大學交換生。因為十九歲就開始參與業界專案，比起同年齡的設計師，累積了更「超齡」的豐富資歷。去年她拿到了東京知名設計公司的錄取信，與國際頂尖設計師共事，為日本的飯店，設計品牌視覺和指標系統。如今的欣醬能夠以洗鍊的風格特色吸引客戶，不只是因為她的技術，也是因為她廣博地攝取多樣的藝術養分。

「像鶯歌工商有全國唯一的陶瓷工程科，除了學習傳統工藝技法，也有茶文化和藝術鑑賞課程。三重商工的板金科則有『造型美學』課程可選修。培養好的鑑賞能力，才能設計出好的產品。」新北市技職教育科科長江彥廷說，產學攜手、建教合作的各種推廣，固然是企業「提早搶才」的需求，但怎麼樣可以讓孩子發揮得更好，才是教育局的本位思考。

當網上瘋傳「即將被ＡＩ淘汰的十種職業」這類的文章時，每個專家都指出，懂得運用ＡＩ為自己省時、懂得鍛鍊ＡＩ所沒有的細膩感知，就不需要盲目恐懼人工智慧時代的到來，甚至能在新時代發現新需求、找出新工作。回想上個世代，想必也沒有幾個父母能理解「YouTuber」這種職業的存在吧？現在大人還沒看過的事物、沒看過的職業，先別急著替孩子斷言，那會不會就出現在他們的可見未來？

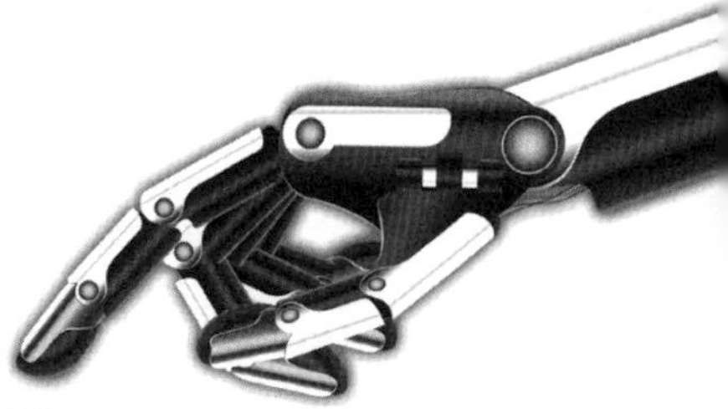

第二部

科技學習——數位助教，放大學習

教學現場不為數位而數位，讓科技回歸最盡職的隊友角色

前言

先看見科技背後的人性

二〇二一年五月十八日（星期二），臺灣的嚴重特殊傳染性肺炎（COVID-19）病例突增，教育部宣布未來二十天內，全國各級學校停止到校上課。一時之間，全國的師生都必須學會如何遠距上課，引起了教育圈的一陣慌亂。有些老師如今回想起來，還會笑稱那天是「五一八事變」，可見三級警戒為學校教育帶來歷史性的巨變。

事實上，在「五一八」的三天之前，新北市和臺北市就已進入了第三級防疫警戒，那天是孩子在家的週末；到了週一，雙北決議高中職以下學校、補習班及安親班，隔日起全部停課。新北的學校卻能在短時間內站穩腳步，進入在家上課的疫情新日常。其他縣市的教育工作者有羨慕、或有詫異，但常常參加教學研習的內行老師都知道，「最會使用數位教學的老師都在新北，最會用線上教學影片、最會做個別化教學的老師，都在新北。」一位深耕科技教學的國小老師驕傲地說，新北不只有好的老師，這些老師平時更是時常「雞婆」，建議教育局內的科員或科長「還有哪邊可以加強」。當疫情來襲，平時的練功累積就見分曉。

疫情只是一面鏡子，不論疫前、疫後，科技教學都是擴大教育影響力的必經之路。大家都知道科技的重要性，但是一討論該選用哪一種軟硬體時，就很容易崇拜最新、最夯、最專業的規格，陷入「秀肌肉」思維。回歸教育現場，科技的功能有多強悍或新潮，真的是對學生最重要的事嗎？為什麼有時樸實的功能，反而創造出更好的教學效果？選擇工具、推廣使用，用什麼標準才好？科技畢竟來自於人性，如果沒有這些洞察，原本大手筆投資設備的美意，最後也可能變成華麗的裝飾品，再漸漸成為堆積生灰的報廢品。

科技是輔助老師的助教

當我們把科技的戲份縮小一些，就會看見科技身為「助教」，前面站的是許許多多的老師和學生。換言之，科技需要謙虛服務好老師，才能造福更多的學生。

教育部統計處一一一學年度的數據資料顯示，全國教師在四十歲以下者，公私立高中為二十九．七％、國中小則為二十六．八％，他們是在成長早期較常接觸數位工具和3C產品的世代。若以一九八〇年代之後出生者即為「數位原住民」的定義來相互對照，目前在一九八三年後出生的教師，未滿三成。

相較之下，四十至五十歲教師超過四成，五十歲以上約為三成，他們都是廣義的「數位移民」——儘管其中不乏將資訊融入教學的佼佼者。普遍來看，本來是「電腦老師」專業範圍的技能，現在卻「師師都要會」，資深教師們的資訊焦慮可以預期。不論是教學研習，還是各項推廣政策，新北以積極建立教師後援為前提，開拓教育風景。

推廣科技教學的昌福國小老師呂聰賢說：「教師研習的時候一定優先推最單純的軟體，先讓多數老師體驗到『這我也會』，就會很有成就感。」龍埔國小老師施信源也提到降低門檻是關鍵：「對老師友善的教育訓練很重要，不該是『你來學我這個平台怎麼用』的上對下姿態。」教網中心主任何春緣、新北市政府教育局教育研究及資訊發展科（教資科）科長翁健銘也都強調，老師在教學備課之外還要進修，很辛苦，為他們分憂解勞是必須的。減輕登入數位世界的心理壓力，老師才會更有意願嘗試；建立資訊融入教學的成就感，老師才會將科技視為長久的教學夥伴。

疫情已結束，為什麼還要用科技？

一場疫情，迫使很多從來不用線上教學資源的師生，開始運用數位工具協助自己「教」和「學」的雙向發展。樟樹國際實中校長陳浩然說，過去想推動和國際姊妹校進行線上交流，時常遇到「不好意思，我們沒有相關設備」的消極答覆，有時候未必真的是缺乏硬體，而是缺少使用的意願。「疫情之後，嘩！大家都會用了！真的是很大的進步。」現在，除了飛出國見學參訪，更多的學生都能利用視訊技能，和國際學伴保持互動、或參與國際老師的教學課程。

科技教學不只是視訊。新北市的幅員廣大，有都會也有偏鄉，學生人數多，異質性高，對個別化教學的需求更為迫切，因此教育局極早就進入了「科技輔助適性」的思考。畢竟課堂時間、老師體力都是有限的資源，每個孩子的獨特性要如何照顧？比如學習上不自信的學生，透過課後仍可無限播放的線上影片、錄音檔，按自己的步調需求來吸收，而且對著平板練習也更不會緊張。對知識打開好奇心的學生，則能主動搜尋相關資料、甚至用ＡＲ教育ＡＰＰ做實驗，發展觸類旁通的學習經驗。在線上平台做測驗，ＡＩ能即時提供回饋，未來還能分擔老師更多初步批改的工作。教育局也確保人力較少的小規模學校，都有穩定的網路、充足的平板，因此更能縮減各校之間的發展差距；無論是在新北市哪一所學校就讀，學生都能獲得均等的受教品質。

在本部的章節，首先，「基礎建設」一章將解密新北市政府教育局在資訊融入教學扮演的幕後推手角色。有了無後顧之憂的軟硬體建設，老師們才能放心專注於教學現場。「學科應用」一章通過地球科學、生物自然實驗、英語口說和文章寫作，了解科技如何放大了學生的學習動機，讓他們更有膽量和學科知識進行真實且有效果的互動。「跨域融合」一章則將鏡頭拉到更遠，觀察在運動、幼教方面，科技如何成為打破框架的工具、又如何成為下一代的素養。

第 4 章

基礎建設

——軟硬體兼施，解除後顧之憂

4-1 科技校園打地基，校務評鑑也轉型

一個夏日下午，辦公室氣氛肅殺，每個工程師和專案經理都繃緊神經。一個鈴聲響起，劃破凝結的空氣，嚇得每個人都顫抖了一下。

「沒事，只是主任打來關心上線是否都順利。」「嚇死我了，我還以為伺服器掛了！」「真的，希望今天不會接到太多進不去系統的客訴電話……」

如果沒有細看職員的識別證，可能會以為這些對話是來自售票系統網站公司，來電客訴的，大概是為了演唱會搶票的人。不過，這裡其實是位在新北市板橋大觀路上的教育網路中心，因應疫情之後師生對線上學習的需求，新增了十五台伺服器，讓登入人潮不會被擠爆。這一天是新北各校準備利用「新北校園通」APP發布分班消息的日子。會打來反映問題的多半是重度仰賴校園通APP處理大小行政庶務的各校老師、組長以

及主任。教網中心主任何春緣說，新北各校的網路問題，幾乎都由教網中心負責溝通和解決。

網路若不穩，數位教學就是黑白的

網路連線，是數位教學的命脈。如果教學過程中臨時發生斷線，一定會影響師生使用科技設備的意願。老師們若還要處理課堂上的突發狀況，等於蠟燭多頭燒。新北市教網中心不希望學校因為處理網路問題，讓學生喪失寶貴的學習時間，於是把技術難題統一攬下。昌福國小老師呂聰賢盛讚：「國小的教職員員額比國高中少，資訊業務通常是輪流負責、不一定有專職人員。現在老師如果發現網路當機，只要打電話給教網中心就好，差很多！」

學生人數超過三千人的秀朗國小，過去一旦網路發生卡頓或互擾的問題，對他們而言，是一場大規模的危機。不過校長曾秀珠說，自從新北市完成全市學校的2G光纖網路布建後，校內頻寬大幅提升到10G，即使學生人數多，上網也不會塞車，對於老師們執行數位教學是很大的助力和動力。新北市的校園網路全面升級計畫，結合在地的有線電視業者，裝設一萬八千座無線網路基地台，數量是全臺之冠，校校皆可兩千台平板同時高速上網。網路穩了，眾人投入數位教學的心才會穩。

出缺勤、成績單、繳學費，校務行政一站完成

「除了分班公告之外，期末考結束後要輸入成績的那段日子，也是我們的『嚴加戒備時期』。」老師、學生、家長對「新北校園通」APP的重度依賴，對教網中心就像是「甜蜜的負擔」。老師們在「新北校園通」一次輸入成績，資料庫就會連結起所有使用者，學生家長都能直接手機登入APP查閱成績單。即使孩子轉學，新學校也能直接調出完整資料，不會再因為「換一所學校就換一個校務行政系統」，而發生無效率的資料傳遞過程。只要學籍還在新北市，即使轉學，新老師也能快速掌握轉學生的學習概況。

對老師來說，過去考完試後最讓人頭痛的輸入成績、產出成績單的庶務，因為「新

北校園通」而化繁為簡。對學生來說，以往四散於各處的成績或練習紀錄，透過新北校園通可以有系統地長期累積，就連出缺勤紀錄，都能用「數位簽到功能」完整網羅。對家長來說，「新北校園通」的APP相當於一個掌上的電子聯絡簿。「我從手機就能看到兩個孩子的到、離校時間。就算是不能親自接送他們的日子，我也感到放心許多。」打開APP，新北的家長就能幫孩子請假、查詢成績單、甚至還能線上直接繳學雜費。

校務評鑑也轉型，大數據取代大拜拜

新北校園通APP背後的大數據，可以應用在更遠的未來，不只是當下使用的便利性而已。新北市教育局教育研究及資訊發展科（以下簡稱「教資科」）審慎擘劃，不論是單一學生的發展軌跡、全班學生的強弱項分布，還是全校學生的運動習慣，對於「資料即金礦」的Big Data應用而言，都是極具分析價值的大數據。

「試想，一位剛走馬上任的新校長，如果第一天到學校就能從後台掌握全校的狀況，連冷氣用電多寡都一目了然，這會省下多少的會議時間？」以往四年舉辦一次的校務評鑑，在教育工作者之間被戲稱為「大拜拜」，不只全校上下奔波緊張，評鑑委員也不易在短時間內消化厚厚一本的報告書。有了「新北校園通」跟「校務行政系統」的資料庫支持，新北市政府教育局在二〇二一年率先將校務評鑑轉型為「教育報告與創新支持系統」，評鑑不再有等第制度，學校只會看到大數據分析自己學校和往年相比的進步幅度，以及哪些項目還有能拿出更好表現的優化空間。

「就像健檢報告一樣，我們的目標聚焦在讓學校用最少的力氣、最快的速度，得知自己的學校體質還有哪些要改善的地方。」科長翁健銘說，學校只要平時養成輸入資料的習慣，大數據就能取代大拜拜。輸入得越多，獲得的「健檢診斷」就會越精準。

「教育局把後援的支持系統做好，協助校園行政減量，才能回饋老師更多時間陪伴學生。」目前「新北校園通」APP下載數量已達五十七萬，多項功能累積使用人次近百萬筆，使用者的依賴程度，證實了以全市為規模布建的科技校園基礎建設，已成為一股不可逆的趨勢。

4-2 一百二十八種資源，一組帳密，學習平台變好用

「好！收卷！」拿出紅筆、一題一題核對解答、圈出錯誤、再計算總分，整個紙筆作業過程，至少要耗費數分鐘。如果不是由學生自行批改，而是由老師統一閱卷後才發還考卷，學生從測驗到確認結果，修改盲點的間隔時間，可能長達一週。

「老師最常問學生：『這樣會了嗎？』如果考試複習都要等隔週，學生在這一週內，都是在繼續累積更多的『不會』」昌福國小老師呂聰賢讓學生用平板掃描自己製作的考卷QR Code，填答完成後按下交卷，學生一秒內就能看到自己錯了哪幾題，詳解為何。「學生還願意馬上重考一次，對考試的心態變得很不同！」同時，在老師的螢幕上，一秒內就能在系統後台看到測驗結果：包括班上每個同學的成績、全對的學生有幾位、最多人錯的題目有哪些？立刻可以展開重點複習。學習平台讓教學更有效率，也讓學生展

開個別化的學習。

一百二十八種學習資源，教育局只串不建

學習平台可以分成兩種，一種是「學習管理平台」，比如《Google Classroom》、《LearnMode學習吧》，老師可以到平台上新增、整理教材，對語文、社會、自然等學科的老師幫助都很大。

另一種則是「專家系統」，比如《因材網》、《均一教育平台》，這類平台的測驗題目已經設計好。雖然老師不能自行新增題目，但系統會依據學習節點，讓學生依照答題情況前進適合自己的下一關題目，特別適用於有先後次序結構的數學科。

除了教育部的《因材網》，坊間還有許多不同廠商開發的學習平台，又多又好用，還會自行優化更新功能，但大多數需要付費購買會員資格，才能擁有完整的使用權限。因此，新北市教育局統一投入經費，與各個學習平台一一洽談，提供學習資源，學生只要有新北學籍，就可以登入帳號盡情使用。比如《翰林雲端學院》可以讓學生檢視學習

成效，審視需要再練習的知識節點；《Hami書城》則有超過一萬本的書籍，包括英語雜誌、校園報紙、科學與人文內容。就算有學校圖書館借不到的書，學生也可以線上擴大閱讀的資源。

目前透過「新北市親師生平台」，已串連了一百二十八個軟體及平台的服務，不只學生有豐富資源可以使用，老師更可以針對教學需求選擇適合的平台，而不必顧慮費用或另行申購的負擔。新北市親師生平台就像一個大型俱樂部，串聯了各個學習平台的服務，新北市的師生帳號，就像俱樂部的會員卡一樣，只要辨識登入，就能暢行無阻。龍埔國小老師施信源認為，和自行從零建立一個新的學習平台比起來，「新北市親師生平台」的作法是透過和各大學習平台合作，效益更高。新北市有三十萬個學生，人數是全臺灣最多，人均經費的條件並不優渥。親師生平台把力氣放在「串」而非「建」，把一塊錢花出兩塊錢的效果。

單一登入，阿公阿嬤也知道怎麼用

「只要是需要輸入帳號密碼的地方，通通輸入同一組就對了。」

除了把學習資源備齊，新北市親師生平台還把一個功能做到讓老師們讚不絕口，那就是「單一登入」。施信源說自己用過一些不好用的平台，登入就像要進入國防部後台一樣充滿挑戰，「啟動打開網站最好不要超過三個步驟，不然整個網站就差不多可以說掰掰了。一個按鈕就進去，平台才會成功。」

像新北市親師生平台一樣的教學入口網站不少，但要免於淪為「數位蚊子館」的命運，登入一定要順暢，平台上的優質資源才派得上用場。文德國小老師丁思與說：「不然光是教怎麼登入，一節課就沒有了。有些學生回家還要用平台，如果家裡是隔代教養，阿公阿嬤還要打來問老師怎麼幫孫子登入，這樣推廣成效很難提升。」

海山國小老師黃馨誼是智慧種子教師，她說學生只要記得一組帳號，就能使用親師生平台上的一百二十八種學習資源，不用反覆切換帳號、重新登入不同平台，對老師來說是莫大的便利。

教資科科長翁健銘驕傲地說，因為分區資訊組長的提案，新北市教育局與Google Workspace合作，讓新北市的學生與老師每個人Google帳號內都有100 G的容量，「我們開Google Meet視訊會議，人數上限是五百人喔。」（註：一般免費帳號的Google Meet會議上限為一百人，並限時六十分鐘。）資源夠多，帳密夠少，就是新北市師生愛用線上學習平台的原因。

4-3 智慧教室，簡單互動就有好氣氛

能用粉筆在黑板上畫一個又大、又對稱、又幾乎看不出接縫痕跡的「圓」，是身經百戰的數學老師的標誌技能。然而，經年累月在黑板前教學，吸入過多粉筆灰，也是每個老師的職業傷害。

「現在這些都不再是問題。」錦和高中數學科老師吳孟仁打開數位黑板，就像一片放在教室前方的大型平板，他用觸控筆一拉，一個漂亮的圓就出現了。不只圓，函數在平面坐標上呈現的曲線，或是 x、y、z 軸構成的空間座標系，在數位黑板上都是「呼之即來，揮之即去」，下課不用擦黑板，還可以把老師操作幾何的證明過程存檔。吳孟仁習慣用《GeoGebra》動態數學軟體教學，因為畫面上的立體圖形能任意翻轉，讓體積公式也變得更好理解，面積題目更容易被解構。

數位黑板不只在數學課派上用場，文德國小老師丁思與在國文課堂上，也會在數位黑板上顯示整頁課文，直接用觸控筆在畫面上圈出生字、為佳句劃線註記、或是快速調換段落來討論作文結構。所有老師上課的「虛擬板書」，也能加以儲存、匯出成QR Code分享給學生課後複習。有些學生的抄寫速度慢，就不必怕漏記了老師的重點，受教品質更完善。

提升老師意願，要「易用」且「有用」

雖然數位黑板旁還保留有傳統黑板，「自從換掉單槍投影機之後，（數位黑板）螢幕的門都沒有蓋起來過！」可見第一線師生的愛用程度。新北市政府教育局教育研究及資訊發展科科長翁健銘說，配合教育部政策，新北市又做了更多「加碼」，補助智慧教室的配備，包括有平板電腦、數位黑板、無線投影、多點觸控、班級經營系統和即時上網等功能。領先全國的智慧教室建置數量，一方面源自第一線年輕教師的教學需求，另一方面，也是要讓不熟悉、甚至抗拒使用科技教學的部分老師，不再因「設備不到位」

而影響投入意願。

昌福國小老師呂聰賢長期推廣科技教學，他最重視如何讓其他還在新手村的老師「無痛上手」。「軟體與其挑功能最強的，不如用最簡單易懂的。」先求掌握基礎，之後再根據自己的教學風格，慢慢找到更多功能、更專精的合適軟體。

對老師們而言，揮別粉筆灰固然是採用數位教學的一個誘因，有了合適的科技教學軟體，課堂氣氛的互動性，更是提升至全新層次。呂聰賢用《Wordwall》教學遊戲平台示範，老師只需要從後台選擇遊戲範本、輸入題目和正確答案，就能一鍵輸出測驗遊戲——包括各種卡牌配對遊戲（原理近似於「連連看」，但動態效果更吸引人），有倒數計時、生命線和獎金回合的問答遊戲，甚至還有仿照打地鼠、戳氣球、抽籤輪盤、迷宮追逐等等設計出的遊戲背景，讓孩子在玩樂的氣氛中，練習「解謎」找出答案。

「老師上課最怕什麼？台上問『有沒有人有問題？』，台下永遠沒人舉手。」呂聰賢用遊戲平台，創造出有如電視節目《百萬小學堂》一樣熱絡搶答的教室現場。精力旺盛的小學生，更願意將充沛的好奇心轉向講台、開展一段和知識的「愉快關係」。

簡單功能，創造更多的協作

學生彼此之間也因為科技增加了很多實質的互動。畫面就像一大片空白壁報紙的《Padlet》軟體，是個可以讓每個學生上傳文字、圖片、影片的虛擬班級廣場，國小社會領域輔導小組老師謝素君，在學生討論地震災害時，讓學生用平板即時上傳討論結果，各組標示的災害地點，在《Padlet》上一目瞭然。海山國小老師曾若慈，在英語繪本閱讀課後，引導學生繼續畫畫仿作，施展創意也學習聯想；畫畫完成後上傳到班級所屬的《Padlet》，還可以線上投票給其他同學的畫作。「我把朗讀的聲音錄下來，放在《Padlet》上，學生回家也可以聽，這樣爸爸媽媽也會知道他們在做什麼。」

各種科技發揮的功能不同，在課堂上該如何應用，需要仰賴老師對教學現場的判斷。新北市佳林國中老師洪家翔，在實驗課觀察到每個學生的參與程度有落差。經常由能力強的學生肩負起操作和完成實驗的工作，其他跟不上的學生則恍神、發呆、最後再把別人的答案抄下來。

洪家翔決定實驗的步驟流程不再由老師講述，改為讓學生照著平板上投影片的指示來行動。因為需要有人讀步驟、有人操作，也需要有人記錄，「組內所有學生都動起來了，哪怕操作能力很弱的學生，都會被分配到拍照錄影。」實驗過程中，化學反應常常發生在一瞬間，比如金屬燃燒，可能只有三秒，有了影像記錄，學生就能回顧、對比。

雖然電子壁報紙、平板內建相機，都是很單純、甚至不特別起眼的功能和設備，但人人都很快上手，更重要的是在課堂的學生互動氣氛營造上，創造了很好的效果。這也是為什麼新北市政府教育局除了布建科技的硬體基礎建設，更專注於各種提升教師、學生、甚至家長的應用動機——比起推廣功能最新、最完整、最華麗的教學軟體，讓人願意持續使用的，才是最好的科技。

4-4 生生用平板，改變學習被動位置

「其實近年很多老師都已經很習慣使用多媒體教材，不會只純粹使用板書。」曾在崇林國中教授地球科學的何春緣，熟稔各種數位教學工具，也將其融入在自己的教案當中。「不過在導入平板之前，這些書商提供的動畫、影音教材包，也都還是停留在『一對多』的講述教法。」

她發覺不論講台上如何獨自生動授課，學生仍很容易被設定為被動的聽眾，而非主動探索知識的開拓者。要進入個別化教學的時代，每個學生手上必須要有一台平板，才能看見只屬於自己的知識風景。

主動搜尋補充資料，教少學多

試想學生手上多了平板，當老師講解中法戰爭時，突然想要確認劉銘傳的生卒年，只要在平板上彈指搜尋就有答案，筆記立刻變更完整，不必大動作翻書倒櫃、不必竊竊私語問旁邊同學、也不必擔心舉手會打斷老師，就能解決學習上的卡頓，也不必等到課後，腦中的歷史脈絡即刻清晰起來。

賦予學生主動搜尋的機會，老師看似教得少，學生其實學得更多。比如老師講解數學的黃金比例時，A學生一邊搜尋網路上更多的名畫範例，產生更深刻的學習記憶。

老師教到歷史上的戰爭時，B學生一邊搜尋近期種族衝突的新聞，即時分析相似之處。每個學生腦袋裡「觸類旁通」的開關不同，自主學習的意義，就是要讓學生親手建立和知識的獨特關係。

「備課的時間有限，但知識沒有邊界。有時學生即時用平板查到其他的細節，即時在課堂上舉手發表，可以引導出班上很好的討論氣氛。」何春緣大方讓學生來「補充」

自己，不介意非要做課堂上唯一的全知者，當學生感到自己的發言有價值，更有自信心。

老師如何經營「平板班級」？

「如果學生下載遊戲怎麼辦？」

「如果非資訊專業的老師遇到學生不會操作平板時該怎麼辦？」

「萬一學生摔壞平板，家長不願意賠償呢？」

這些都是第一線老師最真實的苦惱。何春緣並沒有把科技的世界浪漫化——這些確實都是問題，但也不是平板時代才獨有的問題。

「就算沒有平板，班級問題也是要管。」「老師其實可以把全班的平板統一管控畫面。」儘管科技研習給教師的解決方法很多，不過個別老師經營班級的風格不同，謹慎細膩、抑或大膽開放，選擇終究要回到適合自己的路線。

江翠國中的吳芳蕙（Judy）老師個性直爽，跟學生的距離向來很近，「操作數位工具的時候如果我卡住了，我會跟他們說：『嗨嗨！求救！』」她選擇和學生建立共同解決問題的平等關係，學生也多了展現能力的空間。

「給學生任務，不要給步驟。」錦和高中老師吳孟仁說，現在的學生不少從小就有接觸平板的經驗，只要引導一下，數位學習的表現就能虎虎生風。任務就像是地圖上的目的地，不給步驟、不給「建議最快路徑」，學生反而感官全開，學習體驗更深刻。

把平板送進學校，新北市教育局做了什麼？

「統購。」簡單的兩個字，反覆出現在第一線教師或資訊組長的回答中。（備註：意即由新北市教育局統一向廠商採購平板，而非由各校行政人員自行採購。）

新北市從二〇二二年開始「生生用平板」，目前已達成「六班共用」的供給比例（備註：即每六班配發一班平板數量，無條件進位）；在偏鄉學校，則已直接達成「生生『有』平板」，讓各地學生都能平等受教。但採購的背後，眉角很多。

昌福國小老師呂聰賢說：「每間學校不一定剛好有懂資訊的教職員，即使拿到經費，也不一定有辦法選購到合適的機型。統購不只解決了『買誰才好』的苦惱、還用全市的採購量爭取到更實惠的價格。」

「老師最怕平板故障！」正是因為統一採購，當學校遇到維修需求，也不會求助無門，光是在教師工作群發問，一些使用上的疑難雜症，就已能由使用一致機型的教師同儕們協助解答。吳孟仁長期為其他老師提供平板的後勤支援，深知必須先消除使用者的各種心理壓力，平板才不會變成收藏在倉庫裡的高級磚頭——「平板寧願用到壞掉，也不要放到壞掉！」

第 5 章

學科應用

——立體互動，知識栩栩如生

5-1 跳出紙本，地球科學動起來

「風好大！」同學一邊打開手上平板，「現在風速多少？風向呢？」地科老師出聲提醒，「冬天是吹什麼季風？」他們正在使用的應用程式，叫做《Windy》，上面有水平風場的即時動畫。在切換圖層、調整時間之後，風、雲、浪、氣壓等變化都能在《Windy》的地圖上一覽無遺，觀察即時雲況是否容易促成降雨、未來七天的浪況是否適合從事水上活動。

《Windy》讓天上的氣象變得親切近人，《地靈靈》則讓地底下的岩層清楚浮現。打開GPS，中央地質調查所開發的應用程式《地靈靈》馬上顯示了腳下所在位置的地質特徵。「那這能不能用來檢查新建案有沒有位在地質敏感區呢？」機靈的同學提問，並順著老師的引導，利用《Google Earth》的人造衛星空拍照片，找出岩層或土壤出露的地點。

那些一圈一圈又一圈的等高線，曾經是學生最頭昏眼花的考題。沒想到聯合生活科技課，用雷射切割機做出等高線模型之後，學生不但做得精神抖擻，就連社區的地質特性、等高線的原理，都更加融會貫通。

讓思緒跟著地球一起轉動

「光靠課本，沒辦法讓地球科學變立體。」曾在崇林國中教地球科學的何春緣，在課堂上運用《地質雲》、《中央氣象局》、《Windy》、《觀星》、《星夜行》等應用程式，不但方便教學，學生的反應更是大幅提升。和落於紙面的古典文學或數學方程式不同，地球科學是立體的、是動態的、是感官的。以「風」為例，課本上的「風向圖」沒有生命力，就像是一秒鐘內的時間靜止畫面，但看APP內的「水平風場動畫」，隨著時間軸的拖曳，地球科學立刻就流動了起來。

地球科學課有空間的侷限，也有時間的限制。比如說白天上課看不到星星，怎麼教天文才有「互動感」？

何春緣使用《Google天象圖》的免費服務，讓學生能看到來自哈伯望遠鏡的星空衛星圖像，平常對自然科學興致不高的學生，也不斷縮放瀏覽讓人驚嘆的高畫質天體圖。「平板朝向北方仰角二十五度，先找出北極星附近的星空。」她指引學生利用APP內的「時空旅行」功能，截圖拍下不同時段的模擬星空，學生研究星體運行更常說：「原來如此！」

在教學線上運用數位工具，不只是為了效率。地球科學是「身歷其境」的科學，紙本媒介不容易完整表現。時而需要微距觀察，時而需要宏觀綜覽，在不同比例尺之間的流轉切換，如果能有平板和應用程式的協助，學習更不容易流於死背。如果延伸到生活科技課，應用3D列印、雷射切割機做出模型，探討斷層和河流流向的關係，空間感更鮮明。

手指點擊拖曳，滑出好奇心

除了地科，地理課同樣需要探究人與空間的關係。龍埔國小的社會課正教到「一府二鹿三艋舺」，相關的文字資料很多，但帶課的施信源，直接讓小學生用平板打開Google Map，把小黃人拉到地圖上，就能勘查街景，「那是孔廟耶！」施信源緊接著請學生規劃旅行路線，順便探究不同的交通工具，直接把成果分享進《Google Classroom》，班上的討論氣氛變更好。別說臺南孔廟，連埃及金字塔，也能零元線上多角度遊覽。「一堂課，同時學地理，也學怎麼使用科技（平板與線上地圖），雙重目標一次滿足。」

Google Map還能被童軍老師設計成「定向越野」的教具。定向越野（Orienteering）是一種利用地圖和指北針，以路線不拘的方式完成一段路程，並且在各個檢查點打卡的戶外運動。比如今天要參觀市府大樓，老師可以設計五個破關點，不給路線，讓學生用線上地圖去完成任務，將任務成果拍照上傳，老師可以直接從後台看到完成了多少。

龍埔國小今年剛因為數位教學發展有成而獲得「Google Reference School」認證，施信源說：「科技融入教學，對我們老師來說，最棒的就是能放大學生動機。」沒有動機的學習，就像沒有加油的汽車，死拖活拉不但費力，也沒有發揮汽車本身的潛在馬力。使用地圖、規劃路徑，在大人的生活中，可能只是不起眼的基礎技能。但在手握平板、縮放拖曳之間，孩子感受到的是學科知識的立體展演，還有解決問題的綜合能力。

精彩的科學知識，本來就來自於課堂外的自然環境，如果只能用講述的方式來傳授，未免有些可惜。平板創造出與知識互動的額外機會，學生明白了運作的原理，甚至被觸動到內心的感動，就能感受到自然的奧秘和知識的魅力。

5-2 AR實驗，模擬解剖青蛙

「你敢讓小學生做『會爆炸』的納實驗嗎？」

鈉是一種性質活潑的金屬元素，遇水會爆炸，學生藉此實驗推測及研究生成的氣體是什麼？但受限於安全性，納的實驗普遍被設計在高中的課程中，對化學反應充滿熱情與好奇的小學生，想做這實驗是門都沒有。

如果沒有透過實驗，想要理解到底「活潑的金屬元素」是什麼樣子，三十年前得靠文字與想像，十五年前可以靠影片，但現在的學生則可以打開化學模擬實驗APP，在平板螢幕上東加西搗，做一回瘋狂的怪博士。螢幕上有爆炸的動畫效果，卻不會有碎玻璃割傷人的手。

《Chemist》是一個模擬化學實驗的應用程式，擺脫了器材和場所的限制，即使沒有實驗室或回到家裡臥室，孩子都能隨時在平板上重現化學反應。程式後台定期更新各種試劑和化學反應的資料庫，孩子做實驗時，能發現是否有氣泡、沉澱，還有不同的燃燒焰色，螢幕上還會自動提醒對應的化學方程式。滴定管、本生燈、燒杯和試紙，當然也是「無限量供應」。

放膽實驗，沒有後顧之憂

「國小還沒有進入專業分科的學習階段，更重視開放體驗。」昌福國小的呂聰賢老師說，線上廣泛的學習資源，幫了國小老師很多忙，老師不需要親手製作每份教材，也能快速讓孩子掌握到廣泛的生活常識。在時間不長的課堂上，學生用平板就能留下和化學物質互動的記憶，卻不必在初步探索化學世界的階段，承受太多讓人瞻前顧後的試錯壓力。

類似的例子，還有生物實驗。解剖過青蛙嗎？《Froggipedia》讓青蛙像寶可夢一樣浮現在鏡頭內的桌面上，擴增實境（AR）模式讓學生可以自由調整觀察青蛙的視角，也可以用虛擬解剖刀，一步步劃開皮膚層、肌肉層，細究體內器官系統的結構。在沒有倫理顧慮的情境下，讓更多學生可以多次反覆操作，學習難得立體的生物學。虛擬解剖的過程中，畫面上還會跳出提示與小測驗，答對了會說「做得好」，答錯了也不丟臉，馬上就能獲得正解，重新更正回答。

不用擠到最前排，實驗模型就一覽無遺

相關的生物學習資源不侷限於青蛙，呂聰賢快速切換到下一個APP，人體的全身血流和臟器分布，在每個學生的平板上既立體、又動態，大家不必擠在一起挨著頭，都能好好把大腦內的構造看得清清楚楚。一位年近退休的生物教師感嘆，比起影片，AR和VR能讓學生直接「進入人體內」，對身體構造的認識更加清晰明瞭。這是過去任教三十年來，他所無法想像的學習境界。

把實驗精神實踐到工程領域，學習力學的同時還能同時做環境評估。《Bridge Constructor》讓學生模擬建設橋樑，使用材料時需要考慮空間的幾何形狀、材料的成本

預算，蓋好之後再放上車輛，看看能否通過載重測試？《Free Rivers》用擴增實境重現細膩擬真的山川模型，還有生活在其中的野生動物，學生可以搭建和拆除水壩，了解對流域生態有哪些影響？當一隻栩栩如生的美洲豹從AR走出來，學生們彷彿可以感受到生態復育的欣喜。

在社區踏查課，一群學生聚在古蹟石碑前，有些人因為離講師太遠，聽不清楚講解內容，集中力漸漸發散。若學校製作VR虛擬實境專案教材，以平板將古蹟位置和聲音、文字互相結合，即使是雨天也能連線拜訪。更重要的是，當老師的角色暫時隱身幕後，學生以「破關」的心情主動出擊，沒有既定路線，反而更有興趣尋訪未知、解答謎題。

一〇八課綱將更多學習的主動權放回學生身上，而細心的老師們發現，孩子有旺盛的好奇心，也會有怕犯錯的情緒。擴增實境等科技，打破現實的限制，讓小心翼翼的孩子減低試錯的成本，也讓雄心勃勃的孩子可以沒有後顧之憂地「越級」挑戰自己。

5-3 對AI練英文口說，更有膽量

英文是彥辰最喜歡的科目。自從他的老師趙湘怡開始用英語口說軟體、鼓勵同學課後「跟機器人一起講英文」，他變得更加積極投入。「那天對著平板說了五百句，好累喔。」彥辰講話很溫柔，溫柔到很難想像一個小學生卯起來，會有這股拚勁。彥辰媽媽補充：「我看他夢話都在講英文！」因為頻繁跟著AI覆誦句子，彥辰本來稍弱的英文聽力，大幅進步。

班上還有幾個和彥辰在榜上緊緊纏鬥的同學，他們的練習句數經常互相超車，因為練習多的人能獲得老師獎勵。同在沙崙國小教英文的老師陳怡君說，這幾個學生對英文本就有不小的興趣，讓她比較驚訝的反而是那些本來在班上默默不出聲的學生，對著平板說英文時，「音量」竟然變大了。

「中後段的學生在班上永遠都是安安靜靜的，但回家卻願意對平板說英文，我從後台聽他們的練習紀錄，聲音明顯變得比較大聲、也比較放鬆，這是在學校聽不到的！」孩子找到自信、開始主動學習，「跑來跟我說『老師你考我、你考我』，眼神都不一樣了。」

課堂上說不清楚的，課後對AI說

在導入英語口說軟體之前，趙湘怡直言：「本來回家之後我就管不到了。」《EZ Talking》讓老師可以自行上傳指定教材，不但吻合班上的教課內容，還可以指派難易度不同的作業給每個學生，跟不上的孩子先唸好某幾個單字就好，之後再從單字進入到句子。

學生練習時，平台上的AI會先示範一次標準的發音，可以放慢AI語速、多聽幾次；學生聽完之後，再按下錄音唸一遍，AI會根據發音正確度、重音、流暢度、句子內的字彙量，給出評分。評分可分為三級：綠（Excellent，八十分以上）、橘（OK，六十至八十分）、紅（More Practice，六十分以下）。

每日的練習量、需要加強的弱點、全班學生的狀況一覽，都在老師的登入後台可以看到。在趙湘怡和陳怡君的班級，以鼓勵增加練習量為目標，ＡＩ評分只要達到七十五分以上，就算完成作業。

「有些小學生很皮呀，同時開著兩台平板，一台播放ＡＩ的發音、另一台按下錄音，就能輕鬆拿到高分，但調皮的學生本身也聰明伶俐啦。」所以趙湘怡其實並不太擔心，反而鼓勵學生不要太在意成績，「有練習是最重要的，與其比誰九十二分、誰九十五分、誰九十八分，其實只要落在綠色範圍內都很好了。」

趙湘怡也提醒，老師設定口說作業時，每頁最多一至二句，學生才不容易卡關。「而且我一定會把輔助圖片也一起放進去，增強圖像記憶，不能偷懶。」至少雙週一次課堂示範，並舉辦練習總句數的比賽，提升學生使用習慣。

ＡＩ示範次數無限，不用緊張

雖然目前平台功能在「重度使用者」趙湘怡的眼中，還有很多有待改善的功能：ＡＩ的評分判讀還不夠準確，收音也容易被器材、環境的差異所干擾。但光是能增添一位課後虛擬助教，就已經為口說教學帶來強大的新氣象。在課堂上，老師能示範的次數有限，但ＡＩ可以無限次數地重複朗誦老師設定好的詞句。即使是家裡比較沒有補習資源的學生，也能隨時、隨地練習。

彥辰之後會怎麼把口說軟體介紹給弟弟？這個小五生溫柔地說：「ＡＩ會先示範給你聽、你再說，不用緊張。」新北市政府教育局推動雙語教育時，也注意到學生最難開口說英文的難關，仍卡在「不安全感」。

平板不怕試錯，建立口說自信心

國小教育科科長林奕成表示：「外國人都知道英語不是我們的母語，講錯也不會笑你，但是臺灣的社會氛圍，會讓我們害怕說錯。」新北市雙語教育各項推廣政策中，配合教育部生生用平板，結合口說軟體的教學，讓孩子對著電腦練習，不用害怕嘗試錯誤，學生學習意願和能力都明顯進步。

平板創造出一塊相對私密、孩子較沒有戒心的小空間，也是文德國小老師丁思與注意到的現象。老師的一句鼓勵：「對著機器講就好！」帶給膽怯的孩子很大的安定力量。不論科目，學生都需要從有安全感的環境中，慢慢建立學習的自信。

文德國小校長李慧美說，有的孩子唸一次就會，有的孩子需要練習十次、十五次。數位教學資源可以反覆倒帶，學習不那麼機敏的孩子，可以一再重來、一再複習、不怕遺漏。趙湘怡認為：「但如果沒有平板，這一切都不用談。」平板就像教育現場的基礎建設，讓教材的價值加上老師的判斷，還有學生的努力，能有百分之一百的發揮。

5-4 與ChatGPT一起學作文，不必怕抄作業

前些日子新竄起的生成式AI ChatGPT，讓不少家長擔心孩子寫作業的習慣將受到衝擊。ChatGPT架構了強大的語言模型，只要在聊天室內傳送問題，AI便知無不言、言無不盡。而且，這項服務目前仍然免費對群眾開放，意即當孩子進入ChatGPT網站後輸入：「請以＿＿＿＿＿＿為題，撰寫五百字的短文」，AI也將使命必達。

熟稔科技教學、也實際使用過ChatGPT的好幾位第一線老師，卻對這個人工智慧並不擔心，甚至樂觀其成。究竟，這個「AI神器」能成就什麼？

文德國小老師丁思與觀察，如果學生對ChatGPT輸入的指令模糊，AI提供的答覆內容也會相對空泛，文章不具有獨特洞察，絕非是能讓老師打出高分的品質。使用者必須根據AI的答覆，逐步輸入更多的細節指令、調整反饋，才會獲得好的成品。除此之

外，ChatGPT的擴寫、發想能力可謂天馬行空，能協助觸發靈感；但因為不擅長蒐集資料，若涉及資訊的正確性，它可能會自信滿滿地給出很離譜的答案，學生必須親自查核求證，才不會使報告失分。種種條件，都讓想像中的「抄作業功能」，變得十分麻煩，更像腦力激盪。

和聊天機器人切磋作文，打破寫作瓶頸

「請以『真正的勇敢不是無所畏懼，而是克服恐懼』為主張，改寫第一段。」「我想把這句改成隱喻的寫法，請提供我五個建議。」「你給的第二個建議很不錯，請再修改得更加簡短有力。」有些人在對ＡＩ諄諄教誨七、八遍之後，開始更理解自己文章想要呈現的論點是什麼；有些人試了一兩遍，從中獲得了一些靈感，能夠更順暢地自行完成文章；有些平常沒有自信寫作的人，則因為ChatGPT的幫忙而開始第一步。

丁思與向孩子們大方分享：「ChatGPT是個好用的工具，我們要怎麼下好指令來利用它？」如果學生有求證正確性、有注入獨特性，那麼這份作業就是「人機合作」下

的作品，「代表學生也很懂得怎麼下指令、問問題，有好好地用自己的腦袋思考。」她也見證了本來抗拒寫作的孩子，因此開始提筆寫作文。昌福國小呂聰賢老師則說，ChatGPT能一口氣給出三十個例句，讓老師輕鬆從中挑選、擴增國文課的參考教材，不像課本至多只能以一到三組例句為限，更能刺激學生拓展對詞彙和句型的認識。

AI承擔基礎庶務，大人全心陪伴

近期和OpenAI開始合作的可汗學院（Khan Academy），是全球最大的非營利線上教育平台，創辦人薩爾曼・可汗（Sal Khan）強調：「人工智慧應該成為真正的學習工具，而非用來作弊。」

在新北市政府教育局的智慧化推動閱讀政策中，參與「Smart Reading」自動化分析系統的學生們，已經發現AI帶給自己的助力——量身分析自己的專屬書單，也能在線上閱讀測驗中即時指出自己遺漏的詞句重點。（詳見章節1-2）而新北學生一年使用量超過三百萬次的《LearnMode學習吧》，已經推出「作文助教」功能，無論學生繳交的是作文、閱讀心得或是小日記，都能由ＡＩ先批改審閱，再由老師複查，確認ＡＩ評語是否有需要調整的地方，再回傳給學生，目標在於讓ＡＩ為老師分擔基礎庶務，老師更有餘力專注於教學細節。

ＡＩ的前景全然都是樂觀的色彩嗎？新北市教育網路中心主任何春緣則是以持平態度看待，「ＡＩ的答覆中容易出現強化種族歧視、性別歧視的語言。武器相關的危險資訊，雖然平台有阻擋，但有時換個間接的、迂迴的問法，ＡＩ又可能不小心『吐露實情』。除了純文字訊息，ＡＩ也可能被用在圖片、影片的詐騙，比如盜用權威人士的肖像，讓他說出一段自己從沒說過的話，效果栩栩如生。」

然而，換一個角度來看，在ＡＩ普及之前，網路詐騙就已形形色色；甚至早在網路普及之前，購物台詐騙、電話詐騙、街頭詐騙，各種形式的詐騙已層出不窮。科技只是一種媒介，「水能載舟，亦能覆舟」，與其被動防堵，不如積極教導孩子「資訊判別」的能力。

何春緣再以線上遊戲為例，說明引導孩子正確建立「網路公民」觀念的重要性。「有不少孩子通過線上遊戲建構對真實世界的認知，但這份認知實際上卻是錯誤百出。比如在戰鬥遊戲中打倒對手，下一回合對手就『滿血復活』，這樣的畫面容易讓小孩子誤以為到了學校，出手打人也不會造成真的問題。」孩子在生活中沒有見習正確溝通的機會，才是問題的根本。網路上的各種不當資訊要阻擋到滴水不漏很不容易，重點仍是導引孩子正確地詮釋資訊，建立不偏頗的認知。懂得善用網路、善用AI，已經是現代人的必修課，不過，再好的AI，都沒有大人的陪伴來得珍貴。如果大人能對孩子示範面對AI的健康態度，孩子就能安好地踏入AI時代。

第 6 章

跨域融合

——運用科技就像喝水，無所不在

6-1 運動科技，兼顧趣味普及和精準訓練

運動風氣在臺灣越來越盛行，許多和腦科學有關的研究指出，運動除了可以強健體魄、促進健康，也能提升大腦的靈活性，讓學習跟工作的表現更好。運動場上的戰術及策略分析，有助於發展觀察力和專注力。「體」和「智」彼此相輔相成，讓人開始反思校園裡的體育課，有什麼跟上時代的智慧轉型？

遠端練習體育的方法

「要推廣運動普及化，『趣味』非常重要。」體育及衛生教育科科長何茂田以教育局與成強科技合作的《JACFIT》智慧穿戴裝置為例，這套裝置連結遊戲化設計的APP，在登入後若想練拳擊，可以選擇雙人對戰，也可以挑戰魔王，「操練」變成「破

關」，學生更躍躍欲試。即使天候不佳，必須待在室內的時候，也能暫離桌椅、揮灑汗水。過去這類型的遊戲機必須具備主機和遊戲片，但隨著智慧穿戴裝置愈來愈發達，更輕薄的選擇漸多。甚至單靠手機前鏡頭，也可以在家隨時call出虛擬教練上線。

疫情期間，新北學生若登入「新北校園通」帳號，就能連結到合作平台《Unigym》上的免費線上體育課。平台上的課程，不只有遊戲化的設計，透過手機前鏡頭捕捉人體骨骼點，還能即時提醒動作角度，避免不正確姿勢引發運動傷害。精確性和互動性，都遠比只看影片來得更好。

導入科技後，運動推廣能做的事情變得非常多。過去老師可能認為體育是「非實體不可」的領域，或是「非得有操場」才能進行。事實上，運動教學還是有很多需要口頭傳授的知識，此時，「課前影片」就大大提高了老師的教學效率。比如新北市政府教育局安排的全市「大隊接力線上備賽」專區，內建十一位AR專屬隨身教練與十七套跑者課程，拆解動作細節、傳棒技巧、跑步姿勢。體育老師可以在課前請學生先用平板預習了解，讓實體上課時，更有效率地聚焦在學生需要突破的練習瓶頸。下課之後，學生可以繼續用AR教練雕琢不熟悉的地方。全市練習的數據累積起來，就能用大數據分析各校學生的運動習慣和練習效果。

要用多少力？運動科學用數字回答

在推廣運動普及化的路上，科技扮演了提供趣味選擇的角色；運動科學結合AI運算和智能設備，更是教練們的最佳助教。

「投球『再用力一點』，是多用力？以前要靠教練和選手之間的心領神會，現在運動科學的最佳化模組，可以告訴你一個客觀角度的數據。」體育處的謝秀瑜科長以棒球運動科技為例，三重棒球場的《Rapsodo》數據量測儀，可以即時完整紀錄投球和打擊的數據，還有高速攝影機，即時顯示電子好球帶。揮棒力量和軌跡都能追蹤，教你如何省力打出全壘打。

同樣地，新莊運動中心也設置了智能羽球場，只要使用智聯羽球拍，擊球方式、揮拍速度和力度，都能連線雲端AI進行分析。「這些設備不會取代教練，而是幫助教練更好的掌握選手狀態。」謝秀瑜分析場上運動員的心理，即使教練追問要不要休息，選手也經常會想「再撐一下」。但有了運動科學的監測，就能比人更快一步察覺異狀，比如舉重選手的膝蓋承受度，預防選手不小心越過運動傷害的臨界點。

許多運動的專項訓練，都需要大面積的基地，但都會區的土地取得不易，耗資，更耗時。為了突破土地限制，新北市政府教育局在光復高中首創「智能自由車訓練基地」，將訓練台連結電腦程式，模擬不同路段的坡度、距離，還有路面材質的顛簸震動，前方螢幕則投影事前預錄的路線畫面，增加臨場感。何茂田說：「這樣的訓練效果已經很靠近實操，賽前再加強補助選手到其他自由車標準場地練習，結果競賽表現進步非常多！」

選手率先使用最先進的專業運動設備，這些創新資源也會逐漸外溢成為鄰近學校、社區社團的新選項、新視野。運動導入科技，跨越空間和時間的條件限制，趣味普及、精準訓練，都能一起做到更好的效果。

6-2 不插電程式桌遊，觸發幼兒邏輯力

出生在數位時代的孩子，生活中圍繞著手機、平板，連去餐廳也是用觸控螢幕點餐，「伸手去按，觸發反應」已經成為孩子的本能。

「我發現，我家小朋友想用平板，不一定是想看卡通，他會一直點不同的按鈕，測試會發生什麼事，下一次就記起來，知道怎麼從首頁一路點去上次他看的那頁……」

有些敏感的家長發現，孩子對邏輯路徑的探索特別有好奇心，於是讓孩子嘗試不插電程式桌遊，竟意外開啟了幼兒程式教育的學習之門。

拆解步驟的邏輯之路

思賢國小附設幼兒園為新北市學前程式教育資源中心，這裡的目標不是要教小小孩

學寫程式，而是培養拆解步驟、解決問題的素養。透過積木、繪本、遊戲，觀察每件事背後的規則設計，養成「發現錯誤、修改指令、達到目的」的關聯。就像小朋友動手畫畫，目的在於從中培養創造力以及對美的感受力，而不是一定要成為畫家。比起寫數學習題，幼兒程式教育用更生活化、更遊戲沉浸的方式，培養邏輯力。其中大多數的教材，都以「不插電」為主，減少幼兒眼睛接觸到過多3C螢幕的顧慮。

「不插電程式桌遊」有上、下、左、右方向的牌卡，比如要讓貓咪順利抵達終點吃到魚，孩子就要有邏輯地排出貓咪前進的步驟。「程式機器人」在沒有被設定好指令之前，步伐混亂也沒有行進方向，孩子需要先決定機器人的目的地，再測量機器人需要往前、往右走幾步，最後順利推倒終點積木的那刻，孩子們都發出了歡呼，不但在遊戲過程中找到了成就感，也練習到了「以終為始」的思考方法。

程式是一種和電腦溝通的語言，學習程式能從中鍛鍊找出錯誤、加以修正的能力（debug），但家長別擔心「如果沒讓孩子接觸程式教育怎麼辦？」，程式並不是唯一一種培養邏輯思維的方式，從遊戲中觀察長期的興趣潛能，培養幼兒的全人發展，孩子更受用終生。比如許多幼兒園正在推動的「學習區」——透過在教室不同的角落布置不同的材料，讓幼兒每天選擇想要的活動——類型十分多元，如積木角、益智角、圖書角、音樂角等等。每天讓孩子進入有興趣的小天地，獲得各種表現優勢能力的機會。當大人不再用「一項不漏」的方式要求孩子十八般武藝樣樣精通時，才能好好觀察到屬於孩子的獨特強項。

改變才藝風氣，從公立開始

因應臺灣社會雙薪家庭逐漸成為多數，讓公立幼兒園的比例突破四成一直是近年政府的目標。少子化的趨勢下，平均每個兒童獲得家長的關注度更高，幼教專業知識漸受矚目，諸如多元展能、融入式學習、正向管教……，「老師們要出來研習，其實很辛苦。」由幼教專業領域的教授一起研發設計課程，老師比較好上手，也更能建立專業成就感。

臺灣社會普遍還有把幼兒園視為國小先修班，甚至才藝補習班的風氣，但幼兒教育科科長陳沛雯強調，「幼兒的學習，不論是程式、美感、科學或是母語，一定都是以『融入』而非『灌輸』的方式來進行。」比如玩黏土，可以訓練孩子手部的小肌肉，同時激發孩子對角色的創造力；如果模擬角色之間的對話，則能進一步練習口語表達。而在玩桌遊時，小小孩能體驗顏色的分類、數字大小的排序、幾何積木的空間；大一點的孩子可以掌握更多抽象的數學規則，並練習與他人合作。凡事看似在「玩」，但都是在綜合學習中，逐步擴展孩子的智能領域。

「去幼兒園不只是照顧吃喝拉撒而已，除了幼兒保育，老師還有教學的專業。」幼兒教育要注意的專業眉角很多，尤其是「素養」的養成，比起教孩子背唐詩、背字母來得更費心力。思賢國小附設幼兒園主任高櫻芷說，科技已經在生活中無所不在，與其拿手機看影片，不如提供引導，讓孩子發現「原來科技還能這樣玩」。啟發孩子思考自己想做什麼、步驟有哪些、遇到困難如何重新調整再出發，這才是更重要的能力，也是推廣程式教育的目的。

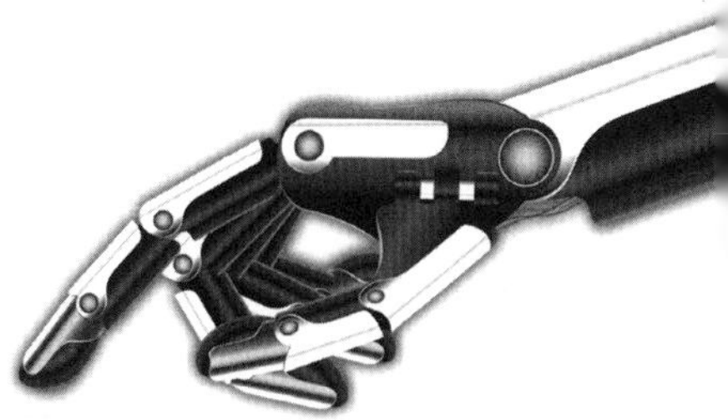

第三部

國際教育

——在地發展，國際通行

國際視野不是菁英專利，一鍵視訊連線，
學生發展想像無限

前言

比英文更重要的事

「我知道臺灣！臺灣的晶片很有名。而且你們的性別平權在亞洲不是走得很前面嗎？」雖然學伴奈爾講的英語帶有濃濃的法國腔調，但用力一點細聽，還在可以理解的範圍內。讓美美擔憂的是，她不確定自己能否講得清楚晶片和性平在臺灣的故事。她向來對歐洲文化充滿興趣，卻沒有太認真想過臺灣的特別之處是什麼。原來這些事情，法國人也會好奇嗎？

在國際交流的各種場合，臺灣人經常將注意力放在如何「融入」和「被接納」。然而要交朋友，除了需要好好認識對方的文化，也要能夠呈現自己的特質，才會有一段平等愉快的友誼。認識自己，是建立任何一段關係之前的必要準備。孩子想要交朋友、商人想要賣東西、國家想要邦交國，都不可能不談到「自己是誰」。

認識自己，踏上國際不盲從

為了接軌國際，英語能力和雙語教育總是備受關注，在一片「借鏡他國」的呼聲中，新加坡的雙語教育可謂最受矚目。但新北市國際教育輔導團江翠國中吳芳蕙（Judy）老師（以下簡稱Judy老師）強調，在借鑑新加坡經驗之前，必須看見臺灣和新加坡文化背景的差異，才不會演變成盲從。

「新加坡被英國殖民超過一百年，國內種族組成有華人、印度人、馬來人和其他較小的族裔。在獨立之初，沒有主流或統一的官方語言。」在新加波，即使同為華人，使用的方言也涵蓋福建話、廣東話、潮州話、海南話，因此新加坡曾被語言歷史學者陳丹楓（Tan Dan Feng）譽為「語言的熱帶雨林——有點混亂，但非常有活力」。新加坡政府選擇英文做官方語言，除了意圖全力打開海洋貿易的國際市場，擺脫當年對馬來西亞經濟體的高度依賴，也是為了使國內使用不同方言的族群可以有共同溝通的工具。

暫且不論新加坡雙語教育走過五十年的美麗與哀愁，例如強勢的國際經貿競爭力、流失母語文化、或是「Singlish」（新加坡式英語）被貼上標籤等等，認識臺灣的歷史發展，才能展開有意義的分析比較，這也是一種建立自己國際視野的過程。「臺灣的條件和新加坡不同，目標也不同。」在學校教英語、也走遍世界的Judy老師說：「學英語並不是世界上最重要的事情。臺灣需要的是強化國際競爭力，『國際教育』才是上位概念。」

國際教育，跟雙語一樣重要

「國際教育」究竟是什麼？在教育部公布的《國際教育白皮書二·〇》有四大

意涵：「彰顯國家價值」、「尊重多元文化與國際理解」、「強化國際移動力」、「善盡全球公民責任」。要能和世界順利溝通，這四項指標的重要性，並不亞於英語。

「彰顯國家價值」代表著認識自己，並自信從容地表達自己的優勢。「尊重多元文化與國際理解」包括敏銳地感受、謙虛地理解、有風度地尊重，進一步體認到文化多樣性的價值，不對他人的文化評判高低。「強化國際移動力」即看見世界的職業選擇在哪裡，讓心態更自由。「善盡全球公民責任」則更審慎地思考地球上未解的環境與人權危機，著力於全球的永續發展成為世界各國的共識。

國際觀看似沒有邊界、難以具現，人們常常只能指出「什麼不是國際觀」或「什麼行為很沒有國際觀」。借用一位在美國波士頓工作近十年的行銷分析師故事，可以從職場工作的角度補充一份實用觀點。「身在美國職場，也要略懂印度裔、西班牙裔、韓裔、還有非裔美國人的文化。如果忽略歐美白人以外的文化存在，將會大大吃虧。」比起英語流利、卻缺少國際觀的同事，理解他人與多元文化的軟性溝通能力，其實更有力量。

本部的章節，將從「國際意識」一章出發，探討為什麼縱使不出國，也需要學會理解國際情勢，並對多元文化保持敏感。新北市政府教育局長年耕耘國際姊妹校合作，讓孩子即使不飛到國外，也能用線上交流的方式，拓展自己的國際認知，突破固有視野。「雙語教育」一章展示了豐沛的學習案例，讓人在社會上紛雜的英語學習主張之中，了解如何將英語更生活化，並激發孩子的興趣、而非焦慮。最後，「跨國交流」一章結合了適性與職涯，探討孩子的發展如何打破國界限制；並在出國見學、模擬聯合國，以及聯合國永續發展目標課程的切入方式中，找到交流的深度意義。

第 7 章

國際意識
——突破固有視野

7-1 不出國，為什麼也要關心國際事？

「我又沒有要出國，幹嘛要學英文？」一個小學生，朝著學校後方的山坡小手一揮。「這一大片地都是我們家的，我不唸書不升學也沒關係。」

教育現場，什麼個性、什麼背景的學生都有，他們的「出招」時常讓老師們為之語塞。社會上總是習慣這麼說：「學好英語，出國才有競爭力」「學好英語，才會成為跨國企業需要的人才」，這些充滿菁英色彩的暗示，落在很多學生的耳中，卻是無感。不只英語，國際教育的推動，也常常需要克服學生「與我何干？」的放空眼神。「要珍惜食物，非洲的孩子都在餓肚子！」這樣的諄諄告誡缺少來龍去脈，很難讓孩子想像和自己生活的切身關聯。

事實上，即使一個人終其一生不出國，日常生活中的很多小事，仍然受到國際局勢的牽動影響。例如，烏俄戰爭持續推升原油、天然氣價格、還有農牧業重度仰賴從國外進口的「黃小玉」（黃豆、小麥、玉米）原料，已經導致我們日常生活中的物價上升有感。由於高麗菜育苗場必須使用進口泥炭土種植，每天吃的高麗菜價格也受到國際海運成本的影響而居高不下。如果是一個專注留意全球氣候變遷的農夫，就可以與氣候風險的專業公司合作，深入調整自己接下來幾年的耕種規劃。看見風險在哪裡，就能避險，並且更及早因應，既能保護自己，也能找到機會。

從跨國投資，到在地就業、創業

在個人理財方面，國際觀也是好用的工具。比如遇到國際油價上漲時，可以選擇適合對抗通膨、或是能從油價獲利的投資工具，而非消極譴責政府或等待補貼政策出現。對於跨國企業的老闆和主管來說，對當地政經環境的瞭解更是攸關存活，例如對當地的法治環境有更深入了解，是不是更有利於新設廠營運？如遇族群衝突或政權不穩的趨勢白熱化，是否會影響工廠出貨的穩定性？還有當地員工在宗教或飲食上的禁忌，若不留心注意，小誤會也可能在公司內釀成大衝突。事實上，一八五七年的英國東印度公司就曾因這樣的大意吃虧——他們同時聘僱印度教（崇拜牛）和回教（迴避豬）的傭兵，卻提供他們以牛油和豬油混合製成的子彈潤滑油，導致了傭兵叛變，最後更演變成印度的民族起義。

專心做好份內工作難道不夠嗎？許多人卻忽略了橫跨數十年國際政經局勢變化，足以影響地方基層勞工的薪資調漲幅度。中研院經濟所副研究員楊子霆，曾指出臺灣加入世界貿易組織的後續效應。當製造業大幅西進，在中國成立生產工廠後，間接釋放出了臺灣大量勞動力進入餐飲旅宿業，此後二十年的餐飲旅宿業，薪資比起服務業和製造業更難以成長。相同的資訊，對餐飲旅宿業的經營者而言，較低的人事薪資支出，卻不是一件壞事。能洞察國際局勢的各行各業工作者，就像是真正瞭解了遊戲規則的玩家，勝率更高。

從中美貿易戰，到好萊塢編劇罷工

美國前總統唐納．川普（Donald Trump）在任時開啟中美貿易戰，導致二〇一八年起臺商陸續回流。二〇二二年，台積電開始招募政治經濟博士的人才，研究中美地緣政治和ＩＣ供應鏈的全球布局。一位資深教育工作者則表示，「由於中美對立，歐美高校流失了過往最大宗的中國學生及其貢獻的學費收入，整體政策態度變得更傾向與臺灣接觸。以往不太搭理人的國外學校，後來就變得願意跟我們討論姊妹校的合作了。」從就業環境、到教育交流來看，國際政經情勢的影響力已經無孔不入。

只是在家追劇放鬆，也會受到國際情勢影響嗎？現實是，遠在美國的好萊塢編劇罷工，讓電影的上片速度變慢了；相對地，不受編劇罷工影響的真人實境秀，播出數量卻悄悄增加了。那如果美國特效師有一天也加入罷工，會不會影響超級英雄或驚悚電影上映的時程呢？事實上印度的特效產業已經和好萊塢密不可分，隨時都能為美國的製片公司遠端效力。若是從身邊熟悉的生活娛樂開始探究，最後會發現，全球化之下沒有人能獨善其身。

與其苦口婆心說服孩子多讀國際新聞，不如邀請他們從生活中自己最有興趣的主題開始探究吧！國際新聞並不是讀越多就越有用，要能夠從中找出因果關係，學生才能在大腦中建立各種「趨勢」之間的邏輯系統，並漸漸練習表達屬於自己的見解。

瞭解國際局勢，不只是為了知己知彼、百戰百勝，也是在培養孩子「由小見大」的能力——從一件生活中的小事，抽絲剝繭，逐步追溯源頭，找到背後更大、更深的原因。有了分析問題、解決問題的心態，才能從「等待被拯救」的思維中突破出來。

與國際交流，對職涯確實有數不清的利益與好處，但也可能在非常個人情感的層面上發揮作用。回到故事開頭的小學生，他的老師接著問他：「如果你有一天在你開的店裡，遇到一個非常漂亮的外國女生，要是你既不會英語，也不認識她的國家的話，那你打算怎麼跟她聊天？」

7-2 國際教育四堂課，打開跨域思考力

不同國家的鈔票在課堂上一字排開，「哇！法屬玻里尼西亞的鈔票真美！」板橋江翠國小的國際教育課程，以各國貨幣為主軸，連結起了藝文、數學、歷史、生活。一年級的孩子從認識新臺幣一元、五元、十元開始，學習儲蓄可以培養積少成多的概念。二年級開始認識其他國家的貨幣，觀察紙鈔上印的是他們的開國元老、還是大文豪？中高年級則從匯兌的邏輯中學習乘法、除法和一億以上的數值。老師甚至打開一段YouTuber介紹日本人氣代購零食的影片，和學生一邊討論哪一款零食比較好吃，一邊討論代購中的匯差。

「原來出國旅行要準備不同的錢幣呀！」有些孩子雖然已有出國旅遊的經驗，但多數父母不會直接給他們當地的現金。透過這堂課的體驗，學生們才理解到世界上有這麼

多不同的國家，每到一個國家旅行之前，都要做好不同的準備。而不同國家之間又是如何用一套共通的規則——「一手交錢，一手交貨」，在貿易上互通有無。

跨域教學，激發求知慾

國際教育的授課挑戰，在於它沒有標準的流程與答案。不像數學算式或英語拼寫，國際教育的內容充滿不同詮釋的彈性，使有些人擔憂「無法提供正解怎麼辦？」。美國社會學家詹姆斯・洛溫（James W. Loewen）曾經研究十八本美國高中生的歷史課本，發現歷史人物總是被描寫得毫無爭議，而且一個人物只具有一種特質。為了完美解答，每個問題總有對應的標準答案，反映出大人不敢讓孩子「處於未知和困惑」的不安。然而，當孩子經歷過未知和困惑，才能觸發求知慾，獲得「終身學習」的健康心態。

正因為沒有標準答案，也不屬於單一領域，國際教育可以自由地變化形態，進入各個學科的教學現場。就像江翠國小的國際教育課程一樣，不只培養國際觀，激發探索的樂趣，更讓學生把不同學科的知識連在一起。無論是結合閱讀、美感、語言還是科技，跨域教學，正是國際教育最大的魅力與優勢。

國際觀不是少數學生的專利

在過去，培養國際觀容易被視為是少數孩子獨有的資源，蘆洲三民高中不只締結國際姊妹校的數量多，國際教育課程也發展成熟，校長彭盛佐表示：「將國際教育融入學校課程，才能讓更多的學生受益。」

為了讓全市的國中小學生，每學年都能體驗至少四節國際教育課程，新北市政府教育局在二〇二〇年開始逐步推動「國際教育四堂課」。Judy老師表示，新北市目前是全國唯一在國小、國中、高中都有國際教育輔導團的縣市。除了協助提供教案，教育局也鼓勵學校嘗試「由淺而深」的教學方式。比如汐止金龍國小，就從「英國女王的小祕密」，引出孩子對女王生平和歷史脈絡的興趣；同樣的題材，淡水國中則在班上展開對英國、日本、臺灣不同國家政府體制模式的熱烈討論，進而感受到臺灣人民投票直選總統的意義。

從小接觸國際教育，能讓孩子接收多元文化的刺激，理解世上有一群生活方式迥異，但和自己同樣喜歡打球或畫畫的孩子。新莊中信國小很早就開始推動國際教育，並一步步深化學習核心到更有深度的議題，例如難民與戰爭。教務主任黃小紋表示：「如果長期漠視別人正在遭遇的不好的事情，無形中造就冷漠的社會，而且，誰也無法確定明天那些事會不會發生在自己身上。」結果顯示孩子們理解力的吸收，其實比家長想像中來得更好。即使小學生無法想出扭轉局勢的解決方案，卻能鍛鍊出「換位思考」，同時感受到自己有幫助他人的能力。

新住民國際文教科科長林玉婷表示：「國際教育的推動，不怕慢，只怕斷。」因為穩紮穩打，有些學校在成效中看到信心，已經將國際教育四堂課擴增到十八堂課，使學生越來越能把國際時事視為生活中自然的一部分。「遇到外國朋友很好呀，但你們會聊些什麼？他是什麼成長背景？你會怎麼介紹臺灣？」三民高中校長彭盛佐鼓勵學生如此思考。英語能力的突出，不代表一個人的談吐有國際觀。新北市政府教育局推動的國際教育，將跨國溝通的工具再升級，讓一場跨文化的對話，能聊得順利、聊得盡興。

7-3 多元文化敏感度，走跳國際的護身符

二〇一六年，新竹一所私立中學舉辦校慶變裝遊行，結果卻引起德國在臺協會、臺北以色列經濟文化辦事處等單位的抗議。原來是某一班學生打扮成納粹黨衛軍，身穿納粹軍裝、手舉納粹旗幟，並站在自製的紙箱坦克上行納粹禮，相關影音在社群網站上被持續轉載，引起軒然大波。

一九四一年，宣揚種族優越論的納粹德國，在接下來的五年內展開種族屠殺，近六百萬猶太人因此死亡。一九四五年二戰結束後，德國經歷了長時間的國際軍事審判以及納粹時期犯行的刑事訴訟，並禁止使用納粹相關的標誌、口號，若在公開場合使用，可能構成煽動仇恨罪。納粹歷史不只是猶太人的傷疤，也是德國人至今仍如影隨形的負惡感，更形塑了德國與歐洲各國至今的外交政策。由此可知，納粹萬字旗在國際社會

上，從來不只是一個單粹的標誌而已。

臺灣人對這段歷史的不熟悉，衍生了許多類似的爭議新聞，包括二〇一七年高雄學生在高中選舉公報上提倡納粹、二〇一八年新竹一間美髮沙龍以納粹符號當作招牌、二〇二三年兩名臺灣男子手持納粹旗幟出現於臺北的歐洲學校前，相關新聞底下亦會有網友表示：「何必這麼認真？」、「想太多了吧！」，顯示臺灣人對這個議題不敏感，並非單一個案。

建立國際觀前，先擺脫大腦的「標籤效應」

臺灣人熱情好客，經常熱情款待外國朋友；但若想要和外國朋友進一步深度交流、或是更積極地參與國際事務，不論在經貿往來或文化外交，國際觀的缺乏會成為比語言更巨大的挑戰。納粹歷史與人權議題，僅是其中的一個例子。國際觀並不意味著要像百科全書一樣背下所有世界歷史與國際新聞，而是一種願意去理解不同國家文化的心態。

世界這麼大，我們要攝取多少天下事，才能算是有足夠的國際觀？國際觀不足，是因為接收的國際資訊太少嗎？事實上恰好相反。人類大腦面對外界龐大的資訊，會逐漸發展出一種「貼標籤」的模式來加速消化資訊的速度，即心理學上所稱的「標籤效應」（Labeling Theory）；然而，如果一直以簡化求快的方式建立標籤系統，就會影響決策與判斷，讓人變得以偏概全，比如「膚色深的人比較窮」、「移民人口多的地方治安都不好」。一旦要和真實世界的其他族群交流，各種標籤上的刻板印象，就可能引起不必要的誤會——小則，一般人會失去一段友誼、企業會錯失人才；大則，社會上可能會引發更大的族群衝突與動盪。

相反地，如果每一次在遇到未知議題前，先不急著下結論、也不隨意以「就國情不同嘛」結束對話，而是謙虛聆聽、正視他人獨特的歷史，國際觀就不是遙不可及的「聖盃」，而是一種自然而然的思維習慣；一天閱讀多少則國際新聞，也就不會是尚待達成的「KPI」（關鍵績效指標），而是擴展自己視野的良好工具。

從生活出發，隨時「入境隨俗」

其實，從生活周遭開始觀察「發生在國內的國際事」，更能引發學生感受國際大小事與自己生活的切身關聯，才不容易「一下課就忘」。當孩子開始有感於自己和國際的距離並不遙遠，閱讀相關國際新聞更能留下印象。

哈佛教育研究所研究員柏克斯·曼席拉（Veronica Boix-Mansilla）曾言，要獲得跨文化的知識，可以從社區中的異國元素開始，一步步探索全球之間的關聯，不一定要非出國才代表認識國際。

人類受限於自身生活經驗，要探知不在自己熟悉範圍的習俗、常識和文化，本來就不是一件輕鬆、簡單的事。俗話說「入境隨俗」，就是在強調尊重他人的重要性。只是在全球化的速度下，即使不出境，我們在日常生活中也會時時刻刻和其他文化互動。不論是面對街道上出現的異國臉孔，還是網路上發言的一組帳號，我們都可能正在不同的國際文化之間不斷切換和走跳。

一個願意為了他人文化而敏感的孩子，不只能夠贏得別人的尊重和信任而已。因為他們有能力自在地接受自己暫時的「不知」，用開放的心去開啟「新知」，這樣的孩子即使離開了學校與師長的管教，也會繼續擁抱各種進修自己的機會，成為一個在智識上、氣度上都保持成長的大人。

這正是國際教育內涵中強調「尊重多元文化與國際理解」的原因——不把自己習以為常的想法視為理所當然，願意相信「事情不會只有一種樣子」，才能打開自己的國際視野。當學生能夠敏銳地感受到世界上原來還有如此多與自己不同的國家文化，並提升自己的「多元文化敏感度」，國際觀才能成為孩子與國際接軌時的護身符。

7-4 拉近「國際化」距離，在地唾手可得

三峽龍埔國小的教室裡，視覺藝術課老師楊明鑫正在用剪紙帶領孩子探索視覺藝術。學習單上的圖形，幾乎都是用英語標示——有筆直的「Straight Lines」、起伏的「Bumpy Lines」、還有走向奔放毫無規則的「Naughty Lines」。不過，班上學生對這些單字顯然並不感到陌生，原來楊明鑫早和英語老師事先「串通」好，由英語課率先導引學生認識各種形狀和線條的英語，接著再由視覺藝術課深化孩子的體驗和印象。課程看似輕鬆，學生的腦海中，卻能更輕易地將「Bumpy」與「顛簸、不順利」的抽象含義連結在一起。不必刻意參加補習，家中較少資源的弱勢學生，也能從小進入雙語友善的校園環境。

「學習英語不是少數學生的專利。」Judy老師強調。除了藉由雙語教育讓更多孩子

感受英語的實用性，並且用國際教育讓學生悅納不同國家的文化，且新北市政府教育局為拓寬國際交流，從姊妹校互訪到與國際學伴線上交流、來臺外籍生入校交流及進入在地接待家庭、再延伸到可在國內修得國外高中畢業證書的雙聯學制。這些措施都與十二年國教中的國際教育方向一致——更著重普及化，而非菁英化。

線上共學、線下接待姊妹校學伴

實際飛出國外進行深度交流，機票旅宿的耗資不小，即使開設獎學金，能嘉惠的成團人數終究有限。如今，透過各種線上共學的軟體，加上日益增加的國際姊妹校規模，能夠和國外學伴互動的學生人數大幅躍升。樟樹國際實中流行服飾科的同學，就和英國的澤西女子學院（Jersey College for Girls）共同設計出了適合病人穿著的透氣衣服，並採用環保、吸汗的海洋回收紗為材料，希望鑽研長照服務解決方案的同時，也兼顧SDGs（聯合國永續發展目標）之中的海洋保育主題。對於擁有專題實作能力的高中生來說，線上共學，依然可以展開有深度的交流。Judy老師表示，即使姊妹校位處不同時區，不能視訊，也能利用《Padlet》線上白板等協作軟體，讓兩國學生接力討論、接手完成彼此的專題進度，克服時差問題。

在國小階段，食物、旅行等生活化的主題，更能夠吸引小學生的興趣。新店北新國小和韓國世宗市延世小學，就線上彼此介紹自己國家的美食，並善用直播與Vlog形式，將城市街景分享給異國學伴。三峽建安國小則和美國紐澤西州班傑明富蘭克林小學（Benjamin Franklin Elementary School）交流彼此對保護自然環境所發想的創意，並且把三峽在地的茶具寄到美國，讓孩子挑戰用視訊為美國學伴示範泡茶。同樣位在三峽的安溪國中校長池旭臺表示，和都會區相比，三峽的學生在生活中運用英語的機會有限；參加國際學伴計畫後，可以用視訊和外籍大學生交流，對拓展學習的幫助很大。

許多線上共學的學伴，在疫情之後飛來臺灣「相認」，樹林桃子腳國中小便在二〇二三年接待了六十位美國矽谷國際學校的師生。桃子腳國中小的孩子家長們都踴躍報名擔任接待家庭（homestay），善盡親善大使的責任。新住民國際文教科科長林玉婷說：「為了接待外籍交換生，學生的創意很多喔，比如帶他們去參觀補習班、去烘爐地擲筊、看媽祖遶境、還有感受選舉文化。」雖然還沒有出國，但藉由「讓世界走進來」，孩子已經學習到如何跟外國人交流，更學會怎麼介紹自己國家的特色。透過教育局漸進式的輔導鼓勵，目前新北全市的學校，締結國外姐妹校總數已經超過兩百校，穩定前進「二〇三〇校校有國際姊妹校」的目標。

雙語課程共備，放大外師價值

建安國小將茶藝納入雙語課程的教學安排，並非偶然，而是教育局增額聘請外籍教師，讓外師長期留任建安國小，與其他老師們共同協作設計課程下的成果。各校的條件、需求不同，唯有讓外師與校內學科老師一起討論，規劃的雙語課程才到位。因為三峽特有的茶藝文化和生態環境，建安國小結合在地特色設計出有茶、有蝴蝶、還有螢火蟲的「茶香螢漾蝶飛舞」的生態雙語課。相較之下，位在都會區的中和高中，周遭特色在於鄰近許多大大小小的印刷廠，校內美術老師和外師安排的是具在地特色的「品牌設計與網版印刷」主題課程。

新北市目前有二百二十五名外師，人數位居全國之冠。Judy老師分析：「與其讓外師巡迴跑校，像沾醬油一樣打個卡就離開，持續留在當地學校，才能深入認識該校的需求和願景。由外師協助學科老師共同設計學校雙語課程，輻射出的效益更好。」確保外師有一貫化的支持輔導系統，避免外師變成漂泊不定的校園邊緣角色，是行政上的重要關鍵。負責協助新北中學階段外師各種生活疑難、職前培訓，並與校方溝通協調的Judy驕傲分享，目前留任時間最長的外師是八年，整體流動率低，證明了新北市政府教育局追求的不只是外師的人數，更是外師帶來的教學品質。

就如同龍埔國小的視覺藝術雙語課程，教師之間的支持，是讓各種國際化課程被課表納入、被學生好好吸收的關鍵。無論是國際姊妹校還是外籍教師，教育局觀察其最大價值，給予支持，讓各種國際化資源能被全市更多的學生所取用。

第8章

雙語教育

——回歸生活，溝通第一

8-1 雙語生活化，放下怕說英文的「偶包」

紐約、倫敦等國際大都市的最大特色在於聚集了來自世界各地各種膚色、各種語言的人。大學課堂上，同學可能來自義大利、埃及、法國或印度，每個人講英文都帶有不同的腔調，但只要一開口，人人辯才無礙，絲毫不因腔調而影響自己發言的自信心。

反觀初次踏進「國際大融爐」的臺灣人，為何如此心驚膽顫於自己不夠完美的發音？即使費力地貼近英美口音，但如果對歐美以外的口音腔調不熟悉，還是很難與其他國家的同學交流意見。一位派駐東南亞國家的金融業主管補充：「一個外派經理的英語能力，會決定交辦下去的事項是否清楚、是否能被落實。至於口音有沒有腔調嘛，出來國外工作大家都知道，你不是native speaker（母語使用者），自己不尷尬，大家就不尷尬。」

觀察來自世界各地的國際學生和跨國工作者，讓人領悟到：「英語最重要的功能，是用來交流。」臺師大教育系教授林子斌長年推動雙語教育，也是新北雙語教師在職學分班的計畫主持人，他澄清臺灣的雙語目標絕非要將英語變成官方語言，而是要讓英語在臺灣人心目中的位置，從「考試科目」回歸「溝通工具」。即使是我們慣用的華語，日常溝通時也沒有一字不差的正確文法，「我講的話，你聽得懂就可以。」

擺脫「必須說得完美」的壓力

「I am fine, thank you, and you?」許多孩子戲稱，這是他們這輩子說得最溜的一句英文。許多英語教科書上的對話例句，總是彬彬有禮，有始有終，沒有真實聊天中會出現的思考停頓，也不會有因為對對方話題感興趣，而繼續拼命追問的「劇情發展」。在遇到外國人的社交現場，脫離腳本的對話，總讓許多臺灣學生難以感到從容自在。

一位國小校長朱玉環說，即使是英文成績不錯的孩子，要把課本上所學的內容轉換成真實生活中對話，依然頗有挑戰。新住民國際文教科科長林玉婷分析，很多英文在校表現名列前茅的學生，到了歐美反而易有挫折感。「因為他聽不懂美國人的『口語』！那些口語通常是不會被寫在課本裡的非正式用語，就像臺灣也會有自己的俗諺俚語、網路用語，美國學生也會有他們時下愛用的流行語。」

科長林玉婷觀察參與國際交流的新北學生，發現無論是在國外環境浸潤一段時間、擔任外國交換學生的接待家庭、或是和國際姊妹校的學伴線上聊天，都能改善口語不通的問題。不僅如此，讓小學生從小和外國學伴交流，還有一個更大的效益是「恣意開口」。若一個孩子從國小、國中到高中都很認真唸好英文，上大學後才準備和國際學生正式交流，通常更容易產生「必須說得完美」的壓力。相反地，當孩子從小用鬆弛的心態和國外小學伴們對話，把表達友好的情意放在第一優先，就能用簡單的詞彙完成「換句話說」，更靈活彈性地運用英文溝通。

雙語環境見怪不怪，英語對談大方自然

要怎麼一邊推雙語教育、一邊關注家長和學生對英語學習的過度焦慮，以免變成

「雙語雙輸」？科長林玉婷說，「生活化的雙語環境是關鍵。」

生活化的雙語環境將英語盡可能帶離結構化教學，將英語化為無形的口語。比如社會科老師在小組討論學習單說：「If you think there is something wrong in the description, please circle it.（如果你認為這段敘述有錯誤的地方，請圈出來。）」，學生自然就能將「circle」與「圈出錯誤」的動作產生連結。家政老師在廚藝教室說：「Put the rag back, please.（請把抹布放回去。）」，並指了指同學沒有放回原位的抹布，同學除了學會廚藝教室裡的規矩，也將這段聽覺、視覺和動作記憶互相連結，「rag=抹布」，不需要用英文課的板書或投影片就能學會。

新北市政府教育局獎勵市內學校推動雙語，最重視的大原則，是將學科知識的傳授放在第一優先，英語的應用是附加，以肢體語言輔助示範就夠，並不需要使用艱澀單字，目的是讓學生在不同學科的課堂上，透過操作、透過體驗發現：「原來英語可以這樣『用』！」

臺灣近年從坊間機構到國家政策都在推動雙語教育，不免讓家長眼花撩亂又焦心。

每個孩子需要的學習方式雖然不同，但在新北市就學，教學基礎是建立在「讓英語從考卷上，走進生活對話中」的方向上，讓學生多聽、敢講，那些苦讀累積起來的詞彙量，才能在對話時發揮最大的價值。

唯有讓英文在生活中自然而然登場，學生對英文見怪不怪，才能減輕講英文的心理壓力。「想表達的意思一時找不到詞彙，換句話說就好了，不需要被文法卡住。」林玉婷注意到，在生活化的雙語環境下，年紀小的孩子沒有「對外語見外」的包袱，山不轉、路轉就好，開口說英文的態度，已經比大孩子更大方自然。

8-2 雙語教育，不等於全英語教學

拉開教室的綠色窗簾，新莊中信國小老師吳允妍正準備用雙語教學，引導學生了解如何自製酸鹼指示劑。

「我們要知道一個水溶液是酸性或鹼性，Acid or alkali，最原始的方法有哪些？」底下學生爭相回答，可以摸！可以嚐！吳允妍繼續用肢體給予提示：「Or you can smell it! 你可以聞聞看。但有些化學物質很危險，你可以這樣做嗎？」

「要用石蕊試紙！」「沒錯。」她根據學生的反應，切換到下一張投影片：「This is a boy, right? What do you see in the picture? 來，你看到了什麼？你也可以講中文。」從老師到學生，班上對待英文的態度相當輕鬆。

「沒錯，He is eating a lemon! Lemon tastes sour. Why? Because lemons are acidic.

來，全班一起唸一遍，ACID。」曾經雙主修英語教學系的吳允妍，以學生的參與度為主，讓全班自由地在中文、英文之間切換。

很多人以為，所謂的雙語教學，代表每個老師都得改用全英語授課。實際上，全英語授課只是其中一種教學方式，根據教育現場的需求，做出相應調整，才能讓學生在英語、在學科都均衡發展。

知名的語言學教授奧菲莉亞·加西亞（Ofelia García）曾分享：「雙語教育必須是為了孩子，而不能是為了語言。所有的孩子都有不同的語言經歷，因此教學上需要有一定的靈活度。」

學科知識，不因外語而偏廢

在新北市政府教育局的鼓勵下，各校多採取「學科知識為主、英語學習為輔」的模式推動雙語課程，也就是「學科內涵與語言融合學習教學法」（Content and Language Integrated Learning, CLIL）。國小教育科科長林奕成表示：「雙語課不是英文課。雙語教學也不是全英語教學。」會有這樣的考量，原因是出於對每個孩子受教權益的不妥協。

「很多老師擔心自己英語不夠好、會讓學生的學習淺碟化。但雙語教學如果演變成全英語教學，那只是台上在『秀英語』而已，沒辦法用英文的地方，改用中文說就好了，別讓聽不懂的孩子變得討厭這個科目。」新北市國中英語輔導團的Judy老師提醒，切莫讓學生以為講中文只能拿比較低分，進而以為英文、中文有優劣之分！

Judy老師的教學現場，在導入雙語教育的同時，也催生出適性教育的正向發展。「使用雙語講課，多媒體和討論活動變多了，雖然多少會稀釋掉內容濃度，但教學效果反而會變好。本來不理解的學生，因為內容變單純，而開始吸收學習；進度超前的學生，我會給他補充教材，『你現在自己寫，課後我要考你』。」即使孩子英語程度未臻理想，也不能否定他們學習一門學科知識的權利。

臺師大教育系教授林子斌也證實，對雙語課程持正面態度、調查中已經有六成國中小學生表示希望繼續維持雙語模式。更有些孩子對他說，「老師用了雙語之後，上課變活潑了」，老師用心設計新的教學方式，學生的投入程度就會有正面的變化。學科知識非但沒有被雙語教學排擠，反而能促成了「教少學多」的結果。

雙語課VS英文課，和諧互補

有了雙語課之後，英語課要做什麼？臺灣學生英語讀寫的學力基礎本來就有相當水準，雙語教育只需要在這基礎上，打開學生聽和說的學習開關，既有的英語課程規畫並不需要偏廢。

雙語課或雙語校園環境，負責提供的是「自在說英語的氣氛」，英語課負責的仍是文法的規則、詞彙量的擴充，以及讀寫能力的經營。如果雙語課、英語課兩者之間配合得好，孩子就能成為一個更好的雙語使用者。

既然雙語課、英語課擔負的功能不同，雙語課堂上的學科老師，並不必太擔心自己在腔調、詞彙量、甚至文法上的表現。若學科老師能展現出「英語僅僅是一個工具」的輕鬆態度，對學生的鼓舞效果，反而比本科專業為英語的老師，更具有說服力，更能讓學生體會：「英文是所有人都能用來幫助自己表達的語言。」

雙語課程推動的方式很多，但每個學生的目標和需求，才是最重要的事。在新北市的雙語模式下，學生不需要因為英語能力的限制，而在學科知識的吸收上打折；更重要的是，將英語視為生活化的工具，才能鬆開孩子對英語的緊張心結，放下完美主義，開啟實用口語。

8-3 「英閱繪」推理學英語，勾出孩子好奇心

「要上『英閱繪』了！」國小校園對話中冒出一個可愛的簡稱，乍聽之下以為是音樂會？事實上，這是一堂同時運用「英語」、「繪本」和「閱讀」的課程。今天曾若慈老師在板橋海山國小要導讀的繪本是《*Clothesline Clues to Jobs People Do*》，一起觀察曬衣繩上的線索，推理衣服的主人做的是什麼工作。從一套郵差制服和郵差包開始，「mail carrier」（郵差）陸續走訪社區，有圍裙和烘焙手套的「chef」（廚師），衣服上沾滿顏料的「artist」（畫家），還有全白頭盔和太空衣顯然是屬於「astronaut」（太空人）。

小一小二的孩子因為聽故事的時間又到了，精神相當振奮。殊不知同年級的英文老師早就聚在一起備課了一段時間——比如在導讀故事之前先帶著學生用Google街景圖觀察學校附近的店家招牌，從繪本連結到孩子之前已經學會的英語稱謂，下一節課再用情

境扮演讓學生彼此對話，課後再請學生回家畫出家長工作時穿的服裝。教學細節非常綿密，一本薄薄的繪本，足足能進行八到十節課的時間。繪本教學猶如開啟一個契機，讓學生接觸英文，也認識世界。

聽覺記憶正增強，學英語無須從A到Z

在另一個繪本系列——《Spot Goes Shopping》，曾若慈老師則從封面資訊開始切入引導，讓孩子猜「這隻小狗是誰？」「是主角吧！」「Eric Hill是誰？」「應該是作者的名字！」曾若慈和其他英閱繪老師，鼓勵學生從畫面中的線索配對看不懂的單字，比如繪本中「He has his very own cart.」的「cart」是什麼？主角小狗在圖片裡推著一台購物車，那「cart」應該就是購物車的意思！解謎一般的過程，讓孩子更覺得自己像偵探，更願意積極參與學習。

挑選繪本時，大人除了需要注意英語句子的內容，還要注意圖片給的資訊量是否夠多？才容易讓孩子從圖片推理出生詞的意思。和傳統從A開始背單字的方式不同，透過課後再次複習繪本生詞，孩子更容易將生詞、故事情境、繪本的圖像還有聲音記憶連結起來，鞏固他們對單詞的理解和記憶。曾若慈現在帶的是二年級，雖然學生不是從傳統A、B、C、D的教學模式開始學英文，但孩子腦中早已累積了許多英文單詞的聽覺記憶。三年級的老師告訴她，經歷過英閱繪課程培養的的學生，他們的拼字學習進展比以往相同學齡的孩子更好。曾若慈進一步解釋：「他們可能早就會說『astronaut』了，只是在三年級之前還不會拼而已，或是在學『J』這個字母之前，他們已經會說『juice』（果汁）、『jacket』（夾克）、『jelly』（果凍）、『jump』（跳）和『joy』（歡樂），從這些單字的聲音印象去學字母，吸收得更好、更快。」

事實上，即使是母語，孩子學習語言的自然過程都是先從對話開始，年紀稍長之後才開始閱讀寫字。孩子並不會因為不懂注音符號，就聽不懂爸媽說的「不行！」，也不會無法說出「我要吃這個」。從聽說開始，而非每個字母抄寫二十遍，孩子反而更能從對話中掌握單字的意義，也會對口語表達更有自信。英閱繪的孩子發言時比較不怕說錯，因為繪本不像課本，沒有標準答案。

放大膽量，先放過對標準答案的糾結

曾若慈說：「如果孩子已經猜到曬衣繩主人的職業是農夫，但還不會『farmer』這個單字，那就說『He is a 農夫』，這樣也很好。」

淡水新市國小老師許家菁同樣正在帶二年級，她認為，才剛開始學英文的孩子，能講出「晶晶體」已經是很了不起的嘗試。（備註：「晶晶體」起源於二〇一六年的臺灣流行語，戲稱將過於簡單且沒有替換必要的英文單字、硬行置入中文對話中的表現。）事實上，只要生活中時常接觸一種語言以上的人，都會出現語言學上稱為「語碼轉換」（Code-switching）的自然現象。如果將第二或第三語言自然地融入日常思考，長期下來有利於學生更跳脫框架、跨界思考。「要趁年紀還小的時候，就讓學生覺得開口說英文是不奇怪的事。」許家菁觀察，比起漸漸重視自我形象、產生「偶像包袱」的高年級學生，只要老師願意耐心引導，中低年級的孩子一開口說起英語，那股魄力和膽識都超乎期待。

自從一〇八課綱釋出小學一、二年級的彈性課程堂數之後，新北市政府教育局將其全面規劃為英閱繪課程。新市國小老師楊京儒說，「英閱繪並不是單純的英文課，而是有閱讀素養、有意見表達、有藝術創造、有跨域能力培養的課程。因為學習內容貼近生活經驗，所以學生的普遍反應很好。」曾若慈也表示，從學生的課後續寫故事習作中，可以了解大家對於故事的理解程度。有些學生甚至會跑去圖書館，找出喜愛作者的更多作品，或是從其畫風中，發現有某些繪本竟出自同一個作者。孩子的興趣被觸發，觀察力大增。

「以前學生不太會注意到路上招牌的英語譯名，現在卻會跑來跟我說他們在校外建築物上看到了什麼。正因為源自於自己的親身經驗，學生更堅信他們學到的知識是有用的。」高年級老師還告訴曾若慈，參與過英閱繪的學生很懂得快速圈出閱讀測驗的關鍵字，因為從文本資訊推理出重要線索藏在哪裡，是他們從低年級開始就很習慣做的事。培養像福爾摩斯一樣的觀察和思考能力，不只對學英文很有用，也打開了學生自我學習進步的長期效應。

8-4 技職雙語，用興趣開啟英語世界大門

在流行服飾科的專業教室裡，老師開口：「把『mannequin』拿過來。」樟樹國際實中學生們現在都非常熟悉，那是他們朝夕相處的「模特人台」。每個單字都是自己經常使用的器材，學生想忘掉也不是那麼簡單。

在〈新時代、新職種、新美感、新想像〉一章，已窺見「技術型人才」在國際上發展的無限可能性。不過，許多技職師生傾向灌注全數精力在專業技術上的磨練，除了應用外語學群的學生，英語幾乎不在大多數技職學生的舒適圈裡。難道認真學英文，就意味著犧牲技術學習的時間嗎？

技職教育是新北市著力發展的重點，科長江彥廷說，將技職學生的英語學習目標變成每天實作會遇到的單字，邊做邊學，比起唸莎士比亞，更適合技職學生學英文的意

義。

不學莎士比亞，掌握專業英語力才是關鍵

在穀保家商，生生都要修習職場英語課。英文老師范成龍和張昕幃發現，比起寫考卷，讓餐飲科學生邊動手、邊唸單字，「build（直調法）、shake（搖盪法）、stir（攪拌法）……」，英語學習效果提高了好幾倍。技術力和英語力非但不會互斥，反而是相輔相成的學習力量。

新北市政府教育局從二〇二〇年開始和臺師大合作推動「專業英文」，共同開課培養專業技職雙語師資。推廣的方式並不止於英語能力的進修，更強調雙語課程的設計方式、教學情境的布置，並融入文化素養。結果顯示，比起一般的英語課，在學生更有興趣的專業科目中帶入英語學習，效果更好。就像我們小時候為了玩沒有中文字幕的電玩，不管是查字典還是從前後文推敲意思，就是會想盡辦法弄懂那些單詞，只要有興趣、就有學習的動力。

在樟樹國際實中，校長陳浩然還要求學生在「高雄國際發明暨設計展」做全英文報告：「一開始實施的時候確實比較辛苦，老師們也擔心孩子是否可以做到。但到了現在，當要報名的時候，我們問：『比賽是要求全英文發表喔，沒問題嗎？』學生很乾脆地回答：『OK啊！』」就技術實力而言，其他學校的好手並不一定比樟樹的學生弱，但我們不能因為怯於全英文發表，就將舞台拱手讓人，十分可惜。

無限網路資源，英語用途無限大

不論科系，越來越多學生發現，只要願意閱讀英語，網路上的進修資源能有效幫助自己的實力大幅進化。同樣的關鍵字，改用英文搜尋，獲得的搜尋結果是中文的許多倍，資訊品質甚至更精準、更第一手。各領域的YouTuber以錄影分享新知的風氣已然成熟，平台上也有自動生成英語字幕的功能，不論是英、美、澳或其他國家的口音，都可以彌補聽漏的單字。加上各種翻譯軟體的輔助，「英文還不夠好」已經無法構成拒絕接收英語新知的理由。

臺北科技大學車輛工程系學生連世翔就分享，他因為從小對車有興趣，養成了用Facebook、Instagram追蹤美國汽車品牌的第一手消息，也會上各大論壇觀察網友們如何看各大品牌推出的最新科技。各種電動車的新聞，根本不必等到臺灣媒體翻譯報導，就已經能將趨勢掌握於心。

除了攝取增進自己技術的趨勢情報外，英語還是和國外同儕好手交流的工具。在瑞芳高工，「空間測繪科」曾培育出許多建築師及室內設計師。近年空間測繪科不但新增了無人機航空測量與空間資訊應用、衛星定位測量等相關課程，也開辦雙語實驗班。他們在設計橋樑結構的課堂上，使用同一種教具，和澳洲姊妹校的學伴進行線上分組討論。臺澳兩邊的學生，在相同的建造條件下，卻誕生了形形色色的抗震設計方案。上課過程不但練習到英語口說，學生也學習用不同的角度看設計背後的考量，思考更完整，也更專業。

課程與產業動態連結，才有學習動機

新北市政府教育局局長張明文分享，自己學生時代也將英語視為「考完就可以解脫」的考試科目，但直到工作上出現需求，才發現英語是有用的工具。正因為如此，他認為雙語課程一定要盡量和產業動態、動手實作有所關連，學子才會有學習動機。「工科的技職學生普遍對英語比較沒有自信，因此從工科為主的學校開始推動雙語，有試過才知道其實自己做得到！」如今新北高工、瑞芳高工、鶯歌工商、三重商工、淡水商工、泰山高中和樟樹國際實中等技術型高中都取得了「ISA國際學校獎認證」（International School Award）。

隨著時代轉型，技術人才不只可以在地發展，也可以跨國移動。透過技職雙語，不論孩子身處國內或國外，一旦英語回歸了輔助工具的角色，學習視野被打開，成就感就會伴隨著職涯成長的機會到來。

第 9 章

跨國交流
——自由移動，深度探索

9-1 國際移動力，打開跨國職涯的想像

看過電影《南極料理人》嗎？日本名演員堺雅人在片中飾演一位專門為南極科學家料理三餐的廚師，在冰天雪地的南極大陸，他的材料和烹調手法都受到嚴苛的限制，更要時時隨機應變，留心南極科學家們的身心壓力，以富有巧思的料理，療癒他們的思鄉之情，這樣的故事劇情並非虛構。二〇二一年，澳洲為了啟動近年最大的南極洲考察計畫，展開全球人才的招募。臺灣人謝伽欣經過八個月的面試，獲選為該梯次的廚師，負責為四十二位不同飲食習慣的工作人員設計菜單、分配物資、並用有限的水電設備完成所有料理。謝伽欣克服諸多挑戰，當招募計畫來臨，她迎頭而上，用她的「國際移動力」，不只跨出「國際」，更一腳跨進地球盡頭的極地。

何謂「國際移動力」？打從一九七〇年代，「一卡皮箱走天下」，就已經是臺灣中

小企業的老闆們的寫照，奔波勞苦的空中飛人，夢想是為了帶給家人更好的生活。不過隨著時代演變，移動的不一定限於身體、貨品或薪資，跨國學習的對象也不僅限於歐美。「即使是去美國當工程師，公司有那麼多印度裔工程師，不學點印度文化，很難跟他們聊天喔。」一位長年旅居美國波士頓的臺灣行銷人打趣地說。

現在的國際移動力，更著墨於心態上的換位能力、自己的價值定位、以及自己適合去搭建什麼樣的跨國合作關係。長庚大學國際長李健峰教授認為，國際移動力能讓人「想去哪裡生活，喜歡去哪裡工作，就去哪裡。」用更自由的心態看待自己的移動，而非固著地追求特定國家的公民認證。讓任何人在機會來臨時，都能更自由地做出順應自己熱情的選擇，而不需要受到跨國藩籬的阻礙。

解鎖外語，移動無國界

一位臺灣國產汽車品牌的頂尖技師，曾因為排拒學習外語，失去了角逐國外同級工作、並讓待遇再升級的機會拱手讓人。「汽車或飛機修護的很多維修手冊，都是用英文寫的。」專業為工業教育、曾任新北高工主任姜禮德，帶學生遠赴德國的奧迪汽車組裝廠參訪研習時注意到，因為學生在校已經熟悉英語汽修術語，加上簡易的會話基礎，所以學生才能即時理解或發問交流。在加拿大保時捷擔任汽修技師楊法雨則分享，公司要求嚴謹，每一輛車子的維修履歷都必須記錄得非常清楚，因此寫出讓其他技師也能看懂的英文紀錄、以利其他技師接手維修，是基礎必備的溝通能力。

在南強工商的電競產業專班，當時的校長徐美鈴說，學電競不只是培養選手而已，周邊的軟硬體開發、賽事直播技術與賽評、相關的活動企劃，都是跨國職涯發展的方向之一。學生漸漸將雙語學習變成日常習慣，學生選手在複習國際賽事轉播的過程中鍛鍊英語聽力，資訊科同學自己上網看國外的水冷電腦教學影片，表演藝術科的同學則上場擔任雙語主播。他們不僅資訊來自世界，未來的選擇也沒有國界。

看見更多職涯的可能性

擁有國際移動力，定義不侷限於出國就業，在臺灣接到來自國際的訂單，同樣是一種「跨國發展」。在動畫與特效產業，因為工作性質可以遠端，因此有不少臺灣的動畫師和特效師會接受國外客戶的委託。「專業力」是他們和競爭對手一較高下的技術核心；「溝通力」代表他們能與操持不同語言和文化的製作公司順利協作；「想像力」意味著他們不僅知道海外市場在哪裡，也不畏懼於不同的國籍身份是否會成為阻礙。想像力聽起來抽象，卻是決定專業力和溝通力能否被實踐發揮的關鍵要素。

「回顧我的經歷，大約是從去中南美洲當外交替代役之後，才變得能夠想像出國工作這件事。」一位正在布局東南亞新興市場的科技金融公司主管分享，外派海外，除了獲得跨國企業的經營經驗，對有冒險精神的人來說，更是滋潤靈魂的養分。

過往，各個大學開出的國際交換學生名額，是對青年學子最友善且划算的開拓國際視野方式。如今，鍛練這種膽識的時間點，在新北市可以稍微推前一些，尤其是已經具備技術力的技職學生，跨國職涯的可能性更能被及早看見。

新北市的「國際技職領袖人才計畫」、「技職金手」及各領域的學生好手，目前已踏入美國亞特蘭大、舊金山矽谷、澳洲布里斯本、德國科隆和日本東京的產業現場等，目的便是要親眼看看「世界職業的選擇在哪裡？」。指導老師也一同獲得見學補助，協助老師的視野和經驗繼續傳遞給下一屆學生。

「孩子回饋我們說：自己開始有了在國外發展的想像。」每次的跨國交流都是撒下影響力的種子。學英語，只是開始而已。

9-2 百萬新住民，看見歐美以外的「國際」

「我是半個越南人，耳邊多少都會聽到一些歧視我們的語言。」自從偉喧參加新住民子女的培力計畫之後，臉上的笑容漸漸變多，對自己的身份也有了更多自信。「我想要參加這些培力計畫、不只想要學到更多本來不知道的事情，更想讓其他人知道，原來這些東南亞國家並不是真的這麼落後。」偉喧那份曾經的失落，在臺灣並不是稀有案例。

根據內政部移民署統計，全臺灣新住民人口約五十七萬人，加上新住民子女則超過百萬。臺大國發所教授薛承泰分析，近年來臺的外籍婚配數量減少，加上傳宗接代不再是他們結婚的主要原因，整體生育率已從二〇〇三年的高峰期逐步遞減。另一方面，在二〇〇三年前後出生的「新二代子女」，如今也漸漸邁向成年，構成臺灣大街小巷平凡又多元的樣貌。

新北市的國際移居人口眾多，新北市內的新住民人口多達十一萬，其中新住民子女就學人數約四．五萬，為六都之冠。因此，走進新北市政府一樓大廳，就能在聯合服務中心看到穿著不同招呼語背心的櫃檯人員，他們提供華語、英語、越南語、印尼語、泰國語、緬甸語、菲律賓語等多國語言的諮詢服務。這是新北市從二〇〇八年起設置的「國際多元服務櫃檯」。對積極推動國際教育的新北市政府教育局而言，正視東南亞文化在新北的重要性，不只能為新住民提供支持、建立信心，並保護新住民子女減少被歧視，還有一個值得重視的附加效果：提升全市學生對「國際多元文化」的理解力。

多一種語言，多一種機會

由於擔心孩子無法良好融入社會，很多新住民媽媽們過去並不鼓勵孩子接觸自己的語言和文化。貢寮福連國小校長梁均紘分析，校內多數的新住民子女，受到環境影響，已認定華語才是自己的語言，甚至對祖父母使用的臺語，也比新住民母親的母語來得親近。但實際上若能換個角度來看，同時熟悉兩種以上不同語言文化的思考模式，孩子的視野和發展，將有更寬廣的可能性。

奧地利哲學家維根斯坦曾說：「我的語言的界限，就意味著我的世界的界限。」為了不讓新住民和新住民子女只能單向的融入社會，能保有「多語言」和「跨文化」的優勢，新北市政府教育局成立「新住民文教輔導科」以及首座「新住民語文教育資源中心」，培訓東南亞語言教師，包括越南、印尼、泰國、柬埔寨、緬甸、馬來西亞、菲律賓共七國語言。不論是參加新住民語言課程還是跨校的國際語文競賽，報名資格不侷限於新二代。萬里高中的教務主任陳映如便鼓勵全校學生：「多學一種語言，就是多一種機會。」

二〇二一年，新北市更將「新住民文教輔導科」正式更名為「新住民國際文教科」，替換成「國際」一詞，是為了積極地將以往國人忽視的東南亞文化，納入國際觀的視野裡。比如舉辦多年的「東南亞語文競賽」，今年轉型為「國際語文競賽」，未來還會細分成東南亞語文組、日韓組、外籍生華語組。小小的更名，都是無形中一點一滴改變學生對「國際」的刻板觀念——所謂的國際化，不是只有歐美而已。

釀文化的力量，搭適性的舞台

新北市政府教育局舉辦過不少新住民子女的培力計畫，使孩子重新認識母親（或父親）的語言和文化，並且挖掘自己的潛能和興趣。以「鬥艷時尚伸展台」為例，二〇二二年首創的「國際創意造型設計組」讓多元文化的服飾登上舞台，包括越南、印尼、馬來西亞、緬甸、柬埔寨和蒙古等國家，學生可以當模特兒、也能當造型師，把傳統服飾的特色加以解析重構，發揮創意，用流行方式重新演繹。

接著，「新住民國際時尚產學攜手培育計畫」將時尚設計連接回紡織製造，薦送學生到海外見習，親睹越南的紡織廠如何生產一線品牌的運動服飾。長期投入國際教育的三民高中校長彭盛佐說：「孩子的發展本來就不限於國內。看到十五年前上越南語課的孩子，現在變成了越南上市上櫃公司的主管，內心真的很感動。」

「不過，即使參加了這些培育計畫，也不代表孩子一定要走上這條職涯。」儘管眾多布局東協市場的企業老闆，都曾表達過求才若渴的需求，希望學校能夠提供更多南向人才，但新住民國際文教科科長林玉婷卻表示，「孩子的適性發展最重要，新住民子女不需要因為這個身份，就被認定只適合往東協國家發展。如果學生參加培育計畫之後，不打算再繼續從事相關產業，那也很好！他在這個過程中認識媽媽或爸爸的母國文化、開始相信自己的能力、開拓了視野，教育的目的就已經達到了。」

念憑是在北海岸長大的小孩，「我在國小的時候，有同學要到臺北去唸書，他的家人就跟他說：不要跟別人說自己媽媽是越南人這件事情，因為別人會瞧不起你。可是我們班就不會。我們班有三分之一以上都是新住民的小孩。」

在萬里國中，學校積極邀請新住民媽媽們到學校分享自己的母國文化。參加東南亞文化社團的同學，有一半都不是新住民子女，卻因為國際文化共融的友善環境，和「新二代」打成一片。

一般學生如果一直活在同質性很高的主流文化中，並不容易培養對異文化的敏感度，或反省自己是否曾以言語傷害過和自己不同背景的族群。身處移民城市，好好認識鄰居，就是培養國際觀的大寶庫。林玉婷科長說：「理解差異、尊重差異、欣賞別人的優點，是國際觀的基礎前提。否則一個人不會突然間看懂國際新聞的意義，也不會瞬間就有了國際競爭力。」一開辦東南亞語言課程，以及保有適性發展空間的文化培育計畫，不只直接服務了新住民子女，更啟蒙了一般學生的視野。就像萬里高中的文化社團一樣，裡面不只有找到自信的新二代，其他學生也更懂得亞洲鄰居的多元樣貌。

9-3 深度探索，跳脫「打卡式」的國際交流

越南河粉、墨西哥捲餅、印度拉茶、韓式炸雞、日本拉麵、西班牙燉飯、加州壽司、法式可麗餅……走在臺灣的夜市或美食街，就像看見了餐桌上的聯合國。熱愛美食的臺灣人，對異國料理總是敞開胸懷，但對這些料理的身世和它們發源地，卻不一定有足夠的了解。

對學生談國際教育、談多元文化，「吃」是最常出現在課堂上的入門主題。新北市的國際移居人口眾多，教育局特別設有「新住民國際文教科」，科長林玉婷說，現在的國際教育逐步前進，除了談美食，更談觀念上的差異，鼓勵孩子們理解、尊重和欣賞。

比如從一桌紅紅辣辣的印尼料理，我們能了解到熱帶國家豐富的香料文化，並進一步從Google Map上發現印尼由大量島嶼組成，由地理特色推敲出所謂的「印尼美食」，

實際上還有國內不同島嶼與多元民族的細緻差異。若孩子們進一步踏查東南亞食品雜貨店，可能會發現貨架上的一些印尼餅乾，竟是由臺灣製造的；又或者透過訪問班上同學的印尼籍媽媽，發現隨著時代變遷，不少印尼人的生活習慣已經和網路資料所描寫的有所不同。同樣從「吃」開始講起，不同的班級都可能有不同的發現，藉此擴展對世界的理解。

沒有行程表的「一日美國人」

從機場開始打卡、在社群平台上傳和登機證合照的照片，常常是眾人對「國際交流」四個字的想像。然而，出國如果只是跟著旅行社安排的遊學團行程走，或跟著遊覽車「上車睡覺、下車尿尿」，學生往往很難對這段旅程留下深刻記憶。

為了加深探索，拓展屬於下一代的國際觀體驗，樟樹國際實中校長陳浩然從放手讓學生自己規劃交通開始，請他們自行決定如何完成一天之內的指定任務。

「三到五人一組，根據拿到的交通費，自己查詢公眾運輸的路線。過程中老師會陪同，但基本上非必要都不會出手協助。」這個行程被稱為「一日美國人」，學生的任務單上面包括逛一間書店、寫一張明信片回家、找一個美國人聊天、看一場電影，吃完晚餐，再於時間內回到飯店。任務的目的是拓展和分享體驗，成果沒有分數高低之分。雖然一日下來看似辛苦，但學生們卻高興又滿足，老師的反應也很好。

「比起團進團出的參訪校園，吃美食、拍照打卡，這種『自己想辦法』的行程，反而讓師生的感受都更深刻。」陳浩然精挑細選適合學生縱情探索的博物館，看人體構造，也看色彩學原理；離開博物館後再去看球賽，感受現場的氣氛，也認識美國人的生活愛好。當身體出國了，感官也需要隨之打開，大腦才會接收到相應的刺激，並產生新的思考，使國際觀在學生的眼神中綻放光芒。

走上談判桌，深入別國立場

「以前看其他國家，就只是地理課本上的素材而已。但現在我可以跳脫臺灣的角度，去理解國際新聞的意義了。」蘆洲鷺江國中的同學，在參加「模擬聯合國」（Model

United Nations, MUN）活動之後這麼說。「模擬聯合國」如字面之意，學生必須「模擬」自己是某一個「國家」的外交代表，根據議程規範，在會議現場「聯合」討論國際重要事務，包括戰爭與難民、氣候變遷、糧食危機等等。

為了恰如其分地扮演該國的外交代表，學生在事前必須大量研讀、分析該國的政經資料，才能在發言台上為自己代表的國家爭取利益，拉攏盟友，促成自己的提案在投票中被通過。「在議場上，人人都必須假裝自己是別國的外交官，你所代表的絕不是你出身的國家。你以往從自己國家本位出發的常識都不適用，可以拋開既有的觀念包袱。」Judy老師直指模擬聯合國的核心，就是「模擬他國立場」的體驗。

舉例而言，A國位處南太平洋小島，因此疾呼各國優先處理海平面上升問題；對B國來說，國內卻可能有經濟發展需求或人民收入不足的挑戰，而難以放棄自己仰賴的石化產業；C國也許本來在文化上與A國較為親近，卻因為B國允諾開放農產品進口，而在最後一刻決定放棄對A國的支持。討論過程不動刀槍，卻非常刺激。

「模擬聯合國」一般盛行於高中和大學校園內的全英語社團，但新北市政府教育局從二〇一五年起開始鼓勵向下延伸到國中國小，透過補助學校經費，讓國中小學生也有機會以國語參與模擬討論，並邀請高中、大學的學長姊擔任講師與會議主席。議題的挑戰不小，但科長林玉婷說，「有體驗，就有機會開啟思維的種子。」

無論是打開感官的出國見學，還是開發思辨與分析能力的「模擬聯合國」，逐步扎根，就有機會讓下一代去定義自己所需要的國際觀。

9-4 聯合國SDGs，國際學生的共同話題

「嘟嚕嚕嚕嚕、嘟嚕嚕嚕嚕……」視訊電話被接通了，接通的是距離臺北航程五小時、位在馬來西亞姊妹校——「波德申中華中學」（Chung Hua Middle School，以下簡稱「波中」）的同學，接下來一個多月的時間，丹鳳高中的同學都要和這群新朋友進行線上交流。視訊的連線速度雖然很快，但彼此成長背景殊異，接下來，該聊些什麼呢？

丹鳳同學打開線上投影片，開始介紹臺灣鏢旗魚及捕撈傳統。無獨有偶，波中同學介紹的是馬來西亞的海鮮文化，從走訪餐館到考察漁村，娓娓道來，讓臺灣學生為其扎實內容而驚呼。更意想不到的是，當丹鳳同學介紹到臺灣海洋文學作家夏曼．藍波安（Syaman Rapongan）和廖鴻基的作品時，竟然引起了馬來西亞學伴們對臺灣海洋文學的興趣，熱烈追問丹鳳高中同學對這些作品的賞評看法。

這些小組討論內容都源自「聯合國永續發展目標」第十四條：「保育及永續利用海洋生態系，以確保生物多樣性，並防止海洋環境劣化」。「聯合國永續發展目標」（Sustainable Development Goals, SDGs）是世界上多數國家為了在經濟繁榮的同時保護環境、消除貧困、保護人權而共同倡議的一系列目標。從政府、企業到學校，各國都在運用 SDGs 提供的指標，希望通過結合在地的條件與需求，積極尋求與地球共生共榮的方式。換言之，SDGs 就像是國際上的共同話題，即使臺灣和馬來西亞的孩子有不同的成長經驗，也能從對地球的願景中，建立共同的使命感，並逐步探索彼此文化的細節差異。丹鳳高中圖書館主任宋怡慧親眼目睹，本來素昧平生的兩國孩子，如何一起討論魚類保育的分級落實、兼顧生態和經濟的可能作法以及更深厚的文學閱讀交流。

打破習以為常，開啟多元思維

通用SDGs議題幫助跨國學伴們「破冰」，丹鳳高中不是孤鳥。北大高中和日本姊妹校「東京目白研心高校」成立小組，互相分享兩國不同的 SDGs 新聞報導和案例研究，最後還舉辦線上國際週展覽——我們的永續未來，展示生活中的 SDGs 議題和跨國討論時的反思。南山高中則籌辦「海洋文化節」，和帛琉、諾魯、馬紹爾群島及吐瓦魯的學生一同線上討論海洋議題。不只從友邦的視角學習氣候變遷的具體衝擊，也理解同為海洋國家的臺灣，對國際貿易、對海洋保育，都有重要的依存關係。

讓學生認識海洋保育、糧食安全的 SDGs 教案，在新北教育現場越來越常見，但這些教案，和過往教導學生重視環境保育、惜福惜食的主張，有什麼不同嗎？五股國小的蕭玉佳老師很肯定地說：「最大的差別是國際化。SDGs 來自聯合國，這代表學生的眼界要超越臺灣和亞洲、超越自己習以為常的文化範圍。」SDGs 可說是放諸四海、皆能應用的國際教育學習骨架，並非單向的價值灌輸而已。

「我們要教的不是『全世界有多少人活在飢餓中？(A)八億(B)九億(C)十億』，這樣就又變回有獎徵答的年代了。」蕭玉佳老師說，自己走過有標準答案的填鴨時代，但現在這些問題通過ＡＩ就能回答，不該再繼續成為孩子學習的目標。新北市政府教育局工程及環境教育科科長蘇柏宇說，「『永續發展』的價值同時包含對環境和對經濟的重視，其中充滿了辯證、思考和自由選擇的空間，如果教學生『該走哪一條路』，那就失去教育上發展多元思維的意義了。」大人眼中的「爭議新聞」，如二〇二一年的藻礁公投、三接公投，其實正是讓學生比較正、反兩面資訊、並從中尋找共識的練習——這又何嘗不是未來進入社會，進入職場的重要技能呢？

練學力，也練解決問題的能力

SDGs 並沒有為其十七項永續發展指標，設下標準的執行方法。正因如此，教育現場出現了更多創造力，還有跨領域解決問題的提案力，一切都源於孩子「那我來想辦法」的那份興致昂然。Judy 老師，雖然目前仍以家政課作為推動 SDGs 教案的主要切角，但她相當看好 SDGs 對學生全方位的能力刺激。「全校成績最好的班，也都在玩 SDGs！」SDGs 講求的是跨域的知識整合，深深仰賴對世界歷史背景、地理資源的了解，設計方案時可以展現科學實作或藝術能力，蒐集資料或報告表達時則能應用英語，從中鍛鍊閱讀並快速辨別關鍵字的能力。

比如在中和高中體驗 SDGs 課程的學生，為了想要解決現實世界中的空汙問題，有人設計實驗、有人研究材料工程，也有人學寫程式。曾帶領他們的老師郭慧敏，不但用全英文授課，也讓學生用英文發表研究成果，並參與日本老師主辦的「線上全球教室」，與十八個國家交流觀點。不只練就了學力，也用全新體驗刺激出更靈活的思維。

工程及環境教育科科長蘇柏宇說，新北市推動環境教育行之有年，其中很重要的一個精神就是鼓勵孩子多踏出課堂、走進社區和自然環境，了解自己所處的世界，注意到其他生命的存在，並從真實的環境中學習。當孩子被真正啟發，即使一日的體驗活動已經結束，思考的力量也會被留在生活的土壤中，繼續支撐孩子的沃饒成長，也讓孩子更懂得怎麼和世界做朋友。

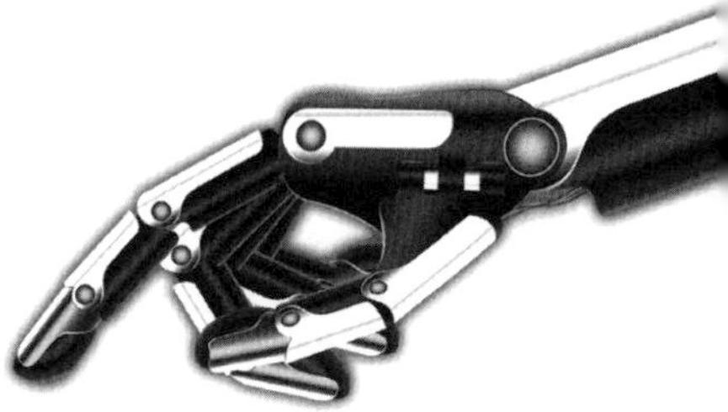

第四部

品德素養——同理他人，療癒自己

人工智慧襲來，活得像個人，才不會成為被機器人取代的人

前言

贏在起點，不如笑著走到終點

「贏在起跑點」，不論是出現在補習班廣告還是幼兒教養文章，對於臺灣家長而言，都不是陌生的口號。這五個字為私人教育市場創造了許多商機，為家長帶來希望，同時也增添了許多焦慮和緊張。然而，鮮少有人能回答，贏在起跑點之後，這些孩子真的能成為終點線上的冠軍嗎？

如果人生真的是一場比賽，那應該是一場馬拉松。金庸在《天龍八部》中寫少林寺的入門與悟道時提及：「遲也好，早也好，能參悟更好。」為了培養練功路途中需要的恆毅力，孩子不只要學習如何跑得更快或更省力，也要學會在遇到意外阻礙或是受傷的時候，如何隨機應變或修復自己。更要謙卑地了解，一時的領先並不保證什麼，唯有耐心和自己相處、懂得接受團隊的協助、也接納大環境的局勢變遷，才有可能笑著走到終點。

人生的陪跑員——「品格力」

人人都知道，教育就像是投資，但最困難的是，如何不關注在短期獲利，並做個眼光放遠的長線投資人？

《紐約時報雜誌》的資深記者保羅．塔夫（Paul Touth）曾經跑遍美國的公立學校、特殊學校、資優學校，希望可以解答為何某些孩子更容易「取得成功」？他用兩年訪問了諸多學者專家和第一線老師，發現比起學科教育注重的「認知能力」，孩子的「非認知能力」對他們日後表現的影響力更大。這兩種能力的區別類似於IQ和EQ，但比起EQ，非認知能力涵蓋的範圍又再寬廣了一些，包括恆毅力、好奇心、自我覺察、自我控制與信心等能力，也被教育學者統稱為「品格力」。

品格力不只讓孩子比較容易融入社會活動、投入團隊合作，在獨處的時間裡，孩子也比較擅於辨認困擾自己的情緒，並慢慢從負面的感受中恢復平靜。芯福里情緒教育推廣協會理事長陳慧慈曾表示，孩子的偏差行為，通常都是因為累積的情緒沒有找到宣洩的出口。如果多注重社交情緒發展，孩子就不會在青春的情緒困擾中被消耗太久，更能專注發揮自己的熱情和潛能。

除了情緒穩定之外，品格力的良好發展，其實對學生的學業成績也是助力。經濟合作暨發展組織（Organization for Economic Cooperation and Development, OECD）在二〇二一年發表研究，發現五歲學童的讀寫與計算的認知能力，和他們社交與同理心的非認知能力呈正相關。無論是懂得化解人際衝突還是排解自我情緒，能夠安頓自己身心的學生，在學成績的表現都更高。

人生的考試沒有時間表

第六十屆的金馬獎頒獎典禮上，年僅十二歲的林品彤以電影《小曉》拿下最佳女主角，成為金馬影史上最年輕的影后。金馬獎評審團主席李安在稱讚林品彤難得的演技天賦後，勉勵她：「不要急著演戲，正常成長比磨練演技更重要。多受一點教育，多累積人生的經驗，未來演技自然會出來。」李安更引用戰國時期神童──甘羅，十二歲拜相，卻一年內就得罪秦國王后的故事提醒林品彤：「高興三天就好，明天起床，該過的生活還是要繼續過。」李安關注的不只是未來電影人才的培養，也是關心當林品彤當回歸一個孩子的「本職」，最重要的事，就是好好長大。

愛因斯坦說：「教育，就是當一個人把在學校所學全部忘光之後剩下的東西。」新北市政府教育局推動品德教育，不把重點放在四維八德的教條規範，而是透過拋出各種情境故事，鼓勵學生們開啟一場哲思之旅。特殊教育科科長曹孝元說，科技社會的變動速度很快，當孩子有帶得走、忘不了的判斷能力，即使遇到詐騙集團或假消息，也不容易受騙上當。新北市家庭教育中心主任王瑞邦說，人的一生要處理各種「關係」的經營，考驗自我覺察和聆聽溝通的能力，「雖然學校考試不會考，但人生總有一天會考到」。

前三部「適性」、「科技」、「國際」，內容著重於如何將孩子的潛能和熱情放大，使他們獲得最好的發展。最後第四部——「品德」，則將步調放緩，回到孩子和大人靈魂中更柔軟的一面。在「關心環境」一章，我們延續SDGs的話題，逐篇探討從地球到社區，為什麼有環境觀察力的孩子發展得更好？美感教育又如何把這份觀察力，轉變為孩子內在精神世界的自我修復力？「終身學習」一章解構了孩子各種好習慣背後的心理學原理，讓我們更了解在長大踏入社會，沒有老師的帶領之後，孩子如何運用思辨能力和成長型思維，讓自己繼續成長，繼續超越自我。「療癒自己」一章則從外在的人際關係到內在的心理依靠，關注孩子情感上的健康發展，並且透過3C、失戀甚至是其他偏差行為的切角，分享親子關係間的經營技巧。無論孩子獲得多麼頂尖的教育資源，父母的陪伴仍具有無可取代的正向影響力。

第 10 章

關心環境

——讓知識走出象牙塔

10-1 地球能源，三十年後最「熱」題目

「來！我需要一個力氣最大的小朋友。」「我我我我我我我！」。這裡是萬里國小的能源教室，一群小學二年級的學生們，像在排遊樂設施一樣殷切。雀屏中選的小朋友走上發電腳踏車，為了要讓燈泡亮到最高的那一格，踩得面目猙獰還不肯下來。

「一度電是多少？就是這台發電腳踏車踩十個小時的發電量喔！」教務主任許慶雄推動能源課程十多年，發揮各種創意，讓能源議題變得生活化。看影片認識太陽能不夠直接？那就讓孩子親自拿著一塊太陽能板站在太陽底下，讓他們在真實體驗中感受能源的存在。此外，在舉辦「手作風力車競賽」的體育館現場，由各隊學生親手製作、不斷改良的風力車在空地上全速前進，相互競速，讓全場加油打氣的尖叫聲和蹦跳不斷。

關心能源，對自己的未來有何用處？因應二〇五〇淨零排放的行動，研究能源議題

已經不僅是出於「愛地球」的品德要求，而是世界各國脫碳產業和綠領工作的經濟趨勢。

十七項SDGs，利他也利己

在〈聯合國SDGs，國際學生的共同話題〉一節，已提到由聯合國制定的永續發展目標，使不同國家的孩子能依循其主軸，展開更熱絡的互動。SDGs的議題多達十七項，其中與環境保護相關的目標不在少數，但聯合國並非以反對開發為目標，而是提倡人類在地球上的長期生活品質。

環境與經濟，並不是「有我就沒有他」的關係，為了兼顧兩者，人類的創造力經常被激發出新的科技發明或設計。以「班班有冷氣」政策為例，在不放棄打造舒適教學環境的同時，新北市政府教育局透過建置各校的太陽光電系統，讓電力來源更潔淨，減低對高碳排石化燃料的依賴。目前已有二百三十一校轉型為「自己會發電」的校園。

在軟體方面，則有「新北校園通」APP連接各校的校務行政系統，讓手機變成冷氣的「遠端遙控器」。有權限的學校人員可以線上設定冷氣排程或檢查是否有教室忘記關閉冷氣。APP上的「能源儀表板」功能，讓校園用電量和發電量視覺化，師生線上就能即時觀察用電數據和冷氣地圖，更有節電意識。「看得見電量數字，學生才會對自己的節電努力有感。」看似為了總務單位而設計的APP功能，實際上卻是全校師生活生生的能源教育素材。

能源是趨勢，也是科學、藝術與思辨教育

回到萬里國小，許慶雄從來不用教條式的口號來教導學生「節能減碳很重要」。萬里國小的全校學生之所以如此「瘋能源」，是因為他們從中看到了自己能力。

動手做，是實踐願望的開始。「第一次做風力車的時候，可能只會滑出去十幾公尺，車子路線也會歪斜。歪斜可能是因為輪子沒有擺正，我們可以修正再來一次。」許慶雄舉起手上用環保材料做成的風力車解說示範。「學生一次又一次測試，把材料輕量化，學習力學和空氣之間的作用，比賽時最遠可以跑到三十幾公尺。」難怪在體育館的那場手作風力車競賽，每個學生都充滿熱情的能量。

能源議題除了可以教科學，也能提升學生在藝術、語言、表演和溝通的能力。許慶雄在帶領學生認識各種能源標章時，便會藉機鍛鍊他們的觀察力。「回收標誌上的四個逆向箭頭，會是代表什麼？節能標章上有火苗，是不是表示火力發電？同學手上正在喝的麥香紅茶，上面是不是就有碳足跡標籤？」而在其他跨領域的能源教案，還有臺語節能順口溜，讓小朋友在背完之後由家中長輩來驗收；或是讓孩子用兒歌改編節能內容的歌詞，上台表演，發展肢體動覺和自信心。

每當談到能源議題時，一不小心就很容易落入誰對誰錯的誤區裡，但回到教育現場，許慶雄說孩子的世界裡沒有對與錯，老師應該先問學生「為什麼這樣想」，再引導學生去看事情的正反面。比如風力發電不會排放有害物質，但運轉過程可能影響候鳥和海洋生態；核能雖然碳排比火力發電小，但遇上地震時的核災風險大。引導孩子學習每種能源的優缺點，並觀察臺灣各種電力來源的比例數據。「老師盡量不強調單一答案，也鼓勵學生思考多元能源，才不會把雞蛋放在同一個籃子裡。」

能源教育雖然談地球危機，但並不是訴諸於恐嚇的教育。如今，越來越多大型企業都設有相關的職位，比如企業永續發展管理師、環境衛生工程師，還有評估碳足跡和碳減量策略的碳管理師。這些工作除了可以保護地球，也能同時協助臺灣公司透過相關綠能認證，打入環境法規更為嚴格的歐盟、美國等市場。顯示了在有挑戰的地方，就有更多的機會；稱能源為未來的「最熱題目」，一點也不為過。

10-2 社區意識，走出校園的「社會化」練習

「像這樣趴下、掩護、穩住！」鳳鳴國小的學生今天走出校園，前往社區的老人共餐中心，把自己學到的地震避難原則分享給社區的阿公、阿嬤。長輩們看著小學生示範怎麼護住頭部的姿勢，臉上的表情很認真。「阿嬤，如果要去空曠的地方避難，我們就要去這邊集合哦！」原來同學們已經查好住家附近的緊急避難所，附近的警察局、醫療院所的位置，他們也都很熟悉。

防災教育是鳳鳴國小的悠久文化，校長吳木樹說，防災不只是校園內的事，而是整個社區共同的使命。因此從校園出發，走訪社區長輩，到社區發展協會與里民志工互動，或是和守望相助隊交換最新資訊，對防災教育的扎根都是必需。無論是颱風淹水、地震或火災，災前的整備需要未雨綢繆的規劃能力，災後更需要團隊合作的力量。因此

學習防災，不只是為了「萬一」，對孩子的整體反應能力也是很好的訓練。

其實，防災教育只是校園與社區合作的其中一個例子，許多知識都需要在校園之外的場合實際應用，鼓勵孩子從每天上下學的生活路線開始，觀察自己所處的環境，並學習和社區居民互動，知識的學習就不容易演變成狹隘的「象牙塔」，也和一〇八課綱注重的「自主行動、溝通互動、社會參與」精神不謀而合。

社會化練習，從觀察周遭開始

同樣鼓勵孩子走出校園的，還有在板橋江翠國中推動SDGs課程的Judy老師。SDGs中許多項目都與自然環境有關，但板橋位處都市區，不依山、不傍水，要如何觀察自然環境，產生共鳴？在親身走訪板橋街道後，學生卻有意外發現。「你仔細看路上招牌，板橋早午餐的餐廳是不是特別多？」老師改以剩食為核心，設計學生的社區走讀任務，請他們尋訪餐廳店家、禮貌詢問能否配合學校的剩食專題研究。

「找店家問問題，怎麼才不失禮也是要教的！有些孩子設計給店家的問卷，第一版多達三十題，人家怎麼開店上班？最好是一開場就表明只會耽誤五分鐘的時間。」Judy老師說，學生該了解到這是自己的作業，面對社區店家，不該「要求對方回答」，而是「感謝對方願意回答」。

丹鳳高中圖書館宋怡慧也提醒：「在學校裡，大多老師都愛學生、包容學生。但是職場社會呢？你要去說服你的老闆、客戶，為什麼採用你的提案會比較好？」以職場為例，洞察主管、老闆或客戶的需求與痛點，提出讓對方感興趣的方案，這種軟實力常常能在關鍵時刻，發揮比專業能力更大的力量。透過走進社區，學生更懂得從本來以「我」為中心的學習，轉向能夠考慮他人需求和環境變因的思考格局。

連結校外資源，老師不必全能

五股國小老師蕭玉佳，同樣在推動SDGs中有關水資源和糧食危機的專題課程。她說對老師來說最不容易的，是如何讓孩子不止步於當下的「我懂了」。「解釋完糧食危機是什麼，孩子當下都會回答那我們不要再浪費食物了，可是過了兩天，就忘了。」於是蕭玉佳邀請「1919食物銀行」來到學校，親自示範「黑水虻」如何分解剩食、轉換成堆肥和動物可食的高蛋白飼料。

學生實際帶回家養約三週，發現從幼蟲到成蛹，黑水虻短短的一生竟可以吃掉二到三公斤的廚餘。食量極好的黑水虻，給學生帶來深刻印象，也因此對動手實作產生濃濃興趣。在水資源議題，蕭玉佳則邀請「世界展望會」來到學校，讓學生親手試用讓非洲居民生活更衛生方便的「免觸式取水器」。「每次教到水資源，就一定會提到非洲，但老師其實對非洲的想像也有限。這次由世界展望會協助老師，向學生展示具體的非洲水資源解決方案，學生的目標就不只停留在省水與惜食，而是更能聚焦在具體問題和實際行動。」

「老師不是萬能的，所以和外部合作很重要。」蕭玉佳大方地將自己的「不夠萬能」，一次又一次轉變成每一個和校外單位合作的機會，讓學生視野更開闊。因此，從食物銀行、社區清潔隊，到在地的綠竹筍筍農，都出現在五股國小的園遊會活動——「惜食闖關大挑戰」中。找到正確的「外人」進入校園，老師其實不必自己什麼都懂。

在強調跨域思考的世代，跨域之前先跨「人」，對師生而言都是更直接的刺激和學習。

走出校園的「社區化」教學概念，正與社會教育科正在推動的「學習型社區」理念相通。「新北市很大，每個行政區的文化特質、自然環境、人口樣貌都不一樣。因此在每個社區，居民會想要投入討論的問題也都不同。」

社會教育科科長夏治強說，社區大學常常扮演串聯在地居民，一同解決社區問題的中心角色。當人們離開學校和考試，為了要解決問題，連結跨域的人、跨域的知識，自然而然就成為「終身學習」的行動。

校園是學生學習的基地，社區是教學的活教材，也是鍛鍊學生觀察力和協調力的場域。很多乍看之下與課本無關的學習，卻能鍛鍊孩子未來進入社會的能力。當學生能將眼光從「自己」擴大到「自己所處的環境」，就是一種遠見的練習。

10-3 美感教育，機器人取代不了的感受力

在〈深度探索，跳脫「打卡式」的國際交流〉一節，教育工作者們提及「時常出國並不代表有國際觀」的觀點。探究其中原因，除了制式化行程的限制，也和出國時的「感官」是否充分打開有關。喜歡平面設計的同學，走進一家在地書店，便可以流連於各式書籍裝幀；喜歡服裝時尚的同學，坐在路上就能觀察路人穿搭好長一段時間；喜歡生態保育的同學，則可能注意到效區的馬路上若出現野生動物，汽車駕駛們就會停下來的文化。正因為心有所愛，感官敞開，國外的新事物才會以觸覺、視覺、聽覺、嗅覺、味覺等各種管道，對孩子的視野產生刺激。

感受力的訓練，其實就是美感教育較少為人所知，卻影響更為深遠的一個目標。國家教育研究院研究員、亞太地區美感教育研究室主持人洪詠善說，美感教育著重的，是

引領學生探索：什麼會讓你發出「好美！」的讚嘆？

有人在建築中看到美的結構，有人在文學中聽到美的韻律，有人在布料上摸到美的紋理，也有人在昆蟲生態中找到美的協調感。每個人「感受美」的來源都不同，因此美感教育是開放式的探究，而非規訓美的定義與範圍。感受美的能力存在於每個人的天性中，美感教育要做的，只在於觸發這份感受力。

美感：感受快樂的來源

多數人第一次聽到美感教育，第一個發出的疑問便是：「美要怎麼教？美不是主觀的嗎？」臺灣知名建築教育學者漢寶德著有《談如何培養美感》，他曾明確指出「自然」與「整潔」是美感最基礎的來源。洪詠善舉例：「兩個藝術品味相左的人，一定都會選擇去乾淨的廁所，不是嗎？這是人類趨美避醜的天性。」

很多人也許好奇，既然已經有美術課，為什麼還需要提出美感教育？儘管美感教育和藝術有密切的關連，但藝術和美感仍有區別，藝術通常以繪畫、雕塑、戲劇、攝影等專業領域為基礎來交流觀念、傳承技藝。雖然美感教育可以從不同藝術領域中汲取養分，但整體來看，美感教育更像是一種覺察力和欣賞力的練習，甚至能為學生找到喜悅感的來源。

美國耶魯大學法學院前任院長安東尼・克龍曼（Anthony Kronman）曾經嚴肅探討美國的大學自從工業革命之後，因為一味奉行科學與技術的價值，造成「教育功利化」的現象。這會造成什麼問題？克龍曼說，教育功利化下的學生，更容易誤以為功利導向可以解決人生所有的問題。將所有的快樂來源集中在「成功」的籃子裡，疏於經營生活中其他能讓自己感到快樂的來源，一旦失敗，便傾向以為失敗是自己的全部。

人類若感受到美，就會感受到喜悅。一本小說、一次爬山、一段在陽台修剪花草的時光、一個跑去看舞台劇的晚上、一疊室內設計的漂亮照片或是一場充滿實驗性質的居家布置，從中感受到喜悅和舒適，那份美麗的心情，就是美感教育希望啟發學生的感受。

美感不只活在美術館

「不只小孩，我們教育局的職員，也要接觸美感相關的課程。」新北市政府教育局社會教育科科長夏治強分享，近年新北市較廣為人知的「美感聯絡簿」與「校園掃具翻新」等設計改造計畫，學生即使不透過課程，也能從生活中隨處可見的物件，如掃帚、畚箕、水桶等，開始留意美的存在。光是將傳統的紅、綠掃具調整為融合校園環境的黑、白、灰、奶茶色等色系，就讓學生注意到，一點小小的改動，就能讓掃具在教室的擺放看起來更容易有協調的視覺。

同樣是為了讓美感更輕鬆地走入生活，新北美感教育YouTube頻道「跟著美感去旅行」，從新北在地景點出發，看建築、看生態，也看族群文化。頻道中的主持人「旺旺校長」王健旺，曾任林家花園園長，現在則是新莊民安國小校長，同時也是新北市國小藝術輔導團召集人，他說透過走進戶外，學生將更懂得藝術生活化的意義，而不會以為藝術只能存在於美術館。

已經推廣逾十年的「藝術滿城香」計畫，每年讓全新北市的小四學生觀賞一場舞台劇，接觸表演藝術的機會不分城鄉；國八學生則能在「劇場開箱」活動中，走進專業劇場的後台，親眼看見化妝、燈光的眉眉角角，甚至傾聽演員們分享練習時的辛苦。「這些活動，都是在擴大觸發學生對於藝術的好奇心的機會。」科長夏治強說，美感教育的目的不在於要求每個學生都要喜歡藝術，而是透過創造場合，喚醒孩子與生俱來的美感細胞。

美感教育看似柔性，其實和第一部介紹的適性教育、自主學習的精神彼此互通。學生因為自己的興趣，開啟對美的追求；也可以反過來因為打開了美的感官，而更理解了自己的熱情所在。興趣和熱情不但是學習的最佳動機，也讓孩子得以展現自己的特別之處，並非思路整齊劃一的機器人所能取代。

美感教育有如邏輯思考旁邊的第二條高速公路，將孩子送往眼神發光的熱情未來，也能讓孩子在未來某一個跌倒的日子中，找到療癒自己的方法。

第11章

終身學習

——建立好習慣，成就自然來

11-1 閱讀與思辨，人生必修的風險管理課

「一分耕耘等於一分收穫，這句話是真的嗎？」新莊丹鳳高中圖書館主任宋怡慧，直接拋出問題。

「如果你認為這句話是真的，那是為什麼？是因為看過成功案例嗎？那如果換作是你自己，你也能複製他的耕耘和收獲方式嗎？」宋怡慧說，「一分耕耘」、「一分收穫」之間的等號，需要天時地利人和。如果忽略這些條件，就會出現「思考的謬誤」。

耕耘和收穫之間的關係反思，只是一個例子。在假訊息和假新聞隨處可見的現在，如果孩子沒有思辨的能力，就可能掉進陷阱中，被騙取錢財、情感或信任。相反地，如果能善用思辨習慣，網路上豐富的專欄評論、Podcast、網紅說書的懶人包影片，以及各式各樣的文章、圖片、數據、影像，都能成為開闊視野的素材。反思能力有如一道去

蕪存菁的篩網，不只讓孩子更能辨別假訊息，也更能從資訊大海中，理解不同族群的想法、看見生活圈以外的世界、進而獲取自己需要的資源。

成為自己的人生情報員

臺灣傳統的教育方式，較少鼓勵提出疑問以及批判思考。在傳統閱讀測驗的考題中，考的也多半是「如何在最短時間內圈出重點」的能力。然而，掌握訊息要點，只是閱讀的第一步；如何解釋文章作者想要表達的觀點，進而思考其中的好壞，才是建立思辨習慣的重點。宋怡慧說：「以網紅說書為例，說書人想講的重點不一定等於原書作者的立場，因此分辨自己現在讀的是第二三四五六手的資料很重要，並不是權威人士講的都是對的。」

乍聽之下很抽象，但思辨習慣的養成能讓人在學業能力、職涯發展、人際關係以及個人情感的方面，更懂得變通。宋怡慧強調，透過閱讀和思辨，孩子才不會誤以為一套知識能夠放諸四海皆準，學會如何因地制宜，才更能面對未來的變動。

淡水國小校長吳惠花說：「老師沒辦法永遠陪著孩子，只有閱讀，才能終身替孩子開拓視野。」閱讀，就像是為人生中的各種不可預期，展開扎實的情報蒐集。宋怡慧以投資做為比喻：「用一本書的時間，就能吸收別人累積一生的經驗或濃縮後的知識精華，是投資報酬率多麼高的一件事！」

投資閱讀，學力水漲船高

吳惠花分享，許多老師一開始也抱持懷疑：「在課程中推動文學性較高的長文本閱讀，孩子真的會有興趣嗎？」沒想到學生的反應不只比想像中好，老師在其他國語文的教學上也變得更為輕鬆！淡水國小透過一步一步擴大孩子閱讀的舒適圈，不必依靠死板的「複誦式複習」，學生就能更輕鬆地理解原先相對簡單的內容。

需要閱讀能力的不只是國文科，以數學科為例，如果將抽卡遊戲情境融入計算期望值的題目中，雖然題目敘述字數變多了，但孩子反而更能想像數學可以如何解決生活中的問題，進而將日常決策跟邏輯思考連結起來。

新北市政府教育局中等教育科科長吳佳珊分析，現在的會考趨勢，重點已不是學生背得起來多少，而是更重視學生對題目的理解程度。這點解釋了為何會考已經不會直接將課本內容做為題目，反而會在題目中提供許多情境式敘述的傾向。以英文科為例，題目素材有圖表、有新聞，目的便是要測試學生能否從上下文情境來回答單字含義和語法概念。

比起「學以致用」，更注重「用以致學」

新北市持續深化閱讀教育，透過補助增額擴大校園閱讀推動老師的規模，搭配〈智慧化推動閱讀，設計只屬於你的書櫃〉一節介紹的AI個人化閱讀診斷，從博雅攝取到精準補弱，使閱讀更能協助學生充分發揮能力。吳佳珊表示：「花在閱讀上的時間，不會是影響考試表現的絆腳石，反而會把學習成效加乘放大。」

也許家長偶爾會擔心：孩子讀這種題材的書，有用嗎？前衛出版社主編鄭清鴻分享，比起強調「學以致用」的邏輯，社會上更普遍的現象是「用以致學」——因為興趣的需要、因為好奇心、因為想解決問題，因此回頭尋求知識的協助。乍看不確定能「用在何處」的人文書籍，比起已有明確使用目的的工具書，常常更能透過個人化的體悟，轉化成自己獨特的思想、引人興趣的特質，甚至是在職涯中結下善緣的機會。

面對剛開始接觸閱讀的孩子，宋怡慧鼓勵提供更多的彈性。「不需要強迫閱讀，從他們習慣的手機開始推動閱讀也很好。像丹鳳高中的圖書館有很多AR、VR的遊戲化體驗，這些都是觸發他們接觸『知識』的機會點。」閱讀理解是人類相當複雜的高階的認知能力，不需要心急於成果；願意花時間持續培養，才能迎接這份能力，長時間累積出複利成長。

11-2 畢業以後，孩子還會「終身學習」嗎？

當我們長大踏入社會，沒有了老師之後，遇到難題該怎麼辦？當這個問題的答案指向了「終身學習」，教育系統能否讓孩子相信，比起追求目標，保持學習的習慣本身更重要？

在投入教育現場時，我們經常被鼓勵給予學生最好的內容，並為他們設定具有誘惑力的目標，然而，有時可能會因此忽略了另一件更重要的事：學習的過程本身。

「許多人常在目標達到之後，就不想努力了。」丹鳳高中圖書館主任宋怡慧的觀察，和她親身執行《原子習慣》的實驗不謀而合。

詹姆斯．克萊爾（James Clear）所著的《原子習慣：細微改變帶來巨大成就的實證法則》，在全世界被翻譯成五十種語言發行，這本書講述的是如何打造習慣的「系統」，讓進步的「成果」自然地發生。無論是在個人學習、運動、還是良好的飲食習慣，克萊爾認為，人們其實過度高估了「設定目標」的重要性。

把學習還給「過程」

每一支球隊都以贏為目標，但比賽的贏家只有一個，決定一支球隊能否勝出的關鍵，真的是在於「信念是否堅定」嗎？很可能未必。如果一支球隊把重點放在不斷改進練球的策略，而非只是雄心勃勃高呼「我們一定要贏！」，他們贏球的機率會更高嗎？事實證明確實如此。設定目標能讓人認清大方向，但過度關注於目標本身，卻充滿很多意料之外的陷阱。

「我終於將體脂率降到百分之二十八以下了！」「我終於在這次大賽拿下第一名了！」隨著這一聲歡呼過後，當事人可能會想要好好休息一段時間，犒賞自己；也可能很快失去當初關注數字或名次的那股熱情。「既然已經成功了，現在呢？」是許多人達成目標後頓失重心的原因。

過度仰賴目標來引領自己前進，會讓達成目標的人失去繼續保持進步的動力，也會讓人在追逐未來的路上，永遠無法注意到當下的快樂。目標給人一種「好好忍耐，未來的我就會快樂」的想像，進而變得患得患失。克萊爾提醒，如果我們更能專注在過程本身，並且不斷優化自己進步的習慣系統，快樂的來源和成功的形式，就會更多元。

事實上，專注於過程，本身就會給人帶來滿足感，這也是「終身學習」的精神。

不只是小孩，大人也需要學習

在過去，「學習」和學校課本、標準答案、還有考試成績緊密相連，因此一談到終身學習，多數人的反應通常興趣缺缺；甚至有些學生在學校拚命讀書的動機，就是希望「未來有一天可以不必再讀書了」。

儘管「社區大學」是社會教育科的重點業務之一，不過，對新北市政府教育局社會教育科而言，社區大學只是其中一種終身學習的方式。新北市政府教育局社會教育科科長夏治強說，要推動終身學習，必須不斷思考每個人現階段自身的學習需求在哪裡。

然而，現實是當大家出社會之後，下班已經很累的時候，是什麼原因讓大家願意忍受睡意，繼續學習？

終身學習不只有去社區大學報名插畫或運動課、或是去書店購買商管或資訊類的工具書，也不侷限於職涯轉換跑道、或是下班培養興趣。其實，只要腦中一直保有「這件事我以前從來不曉得，真是有趣！我還想多知道一些」的心態，就能驅使一個人從學校畢業之後，持續在生活中對新知抱有熱情。即使身體步入中老年，喜愛學習的心，也會讓心智更不容易退化。終身學習，不該讓人感到「一輩子都很累」，而是一輩子都還有各種有趣的挑戰。

回到新北市教育現場，新北市有許多老師勤於打磨學生熱愛學習的好奇心。雖然他們的教學風格各自不同，但他們都在教育現場不斷和學生「過招」的過程中，共同學習，共同成長。江翠國中的Judy老師直言：「做老師，心臟要夠強！」她曾在推動剩食議題的時候，在教育現場被學生質疑：「老師，你們喝這麼多咖啡，不是也製造了很多咖啡渣廢棄物嗎？」然而，她並沒有動怒，而是接受學生的質疑，在接下來的課程內，和學生一起研究咖啡渣對碳排放的影響，更進一步利用咖啡渣製做手工皂，一起挖掘廢棄物的再生用途。

Judy老師認為，自己身為老師如果只顧面子，而不是深入引導學生思考對錯背後的原因，孩子永遠不會長大。同時，當老師放下身段，對學生從上對下的態度轉變為共同學習夥伴，換來不只是孩子的成長，更是老師的成長。

當老師願意大方接受學生的挑戰，在學生的眼中正是「終身學習」的示範。學生能夠在自己的想法被尊重的情況下，和老師一起辯證、討論，並練習獨立思考；而非僅僅因為發言者的身份是權威，就全盤接受對方的說法。「學習夥伴」模式給予了學生更多學習的權力和責任，學生感受到自己的動能，有了參與感，更願意主動學習、動手解決問題。

終身學習的習慣建立，正是構築在「大人也需要學習」的前提上。無論是老師或家長，當大人遇到挑戰、甚至被揪出錯誤時，用大方的態度回應，展現「不完美並不丟臉，我們永遠都可以更好」，就是用最好的身教示範。正如宋怡慧老師所說：「最讓老師感動的，是年輕學生在學習之後，會更超越我們。」

11-3 自主學習，從建立「我可以」的信心開始

很多人都聽過這樣的故事：剛開始學騎腳踏車的孩子，緊張叮嚀扶著後輪的父母千萬不能放手，但父母真的放手之後，卻發現自己已經順利學會了控制雙輪前進。同樣的道理也很常在怕水的孩子學游泳的場景中上演。這些故事闡述的觀念都是同一個：父母放手了，孩子才能學會。

同樣的道理，換到數學、英文、自然等等學科教育，或是未來職涯規劃時，父母卻往往變得難以放手。小孩子漸漸變成大孩子，仍在名為人生的那台腳踏車上，緩慢前進的原因，是因為父母仍在後方推著他們的輪子。

在〈連線校外資源，自主學習找到責任心〉一節，新北市政府教育局協助各高中連結大學課程資源，讓高中生能深入了解各科系，並讓廣泛的興趣更聚焦。「喜歡生物科，

然後呢？比較喜歡走進野外考查，還是在實驗室裡觀察微生物？比較喜歡研究大腦的神經再生，還是遺傳疾病的基因？」這些思考過程，都能成為選擇科系時的養分。

讓孩子成為學習的主人

不過，早在開始關注科系之前的階段，自主學習的習慣就已在小學階段悄悄注入。三峽龍埔國小老師施信源，將科技融入教學時最關切的，是如何引起學生長期的學習興趣。

每個孩子的興趣所在都不同，即使台上的老師用新奇的手法勾起全班的好奇心，學生可能很快會因為新鮮感消失、缺少屬於自己的探索過程、或過度關注於外在獎勵，使得好奇心無法維持更長的時間。「放大動機不一定引起興趣，這是兩件事。」要保持長期的學習興趣，首先要肯認每個孩子的熱情和特質都不一樣，接著一步一步地將學習的發球權和時間交給學生。「我們只要提供一點點的教學，學生就會繼續自學，對自己負責。」施信源感性地說，有些家長告訴他，自己帶過的學生升上高中、大學之後，學習動力依然很強，也比較不會輕言放棄。這是因為施信源總是散發出自我成長的熱誠，進而感染學生，使學生認為：「我跟老師是一起在努力的，我不只是一個國小學生而已。」

國家教育研究院研究員洪詠善說，有自主學習經驗的孩子，只要是出於興趣，並且目標設定得宜，初期階段再加上一些從旁觀察與協助，他們的「自我效能感」就會提高，更相信自己有修正錯誤，往目標前進的能力。當學生擁有了走過失敗的經驗，即使在某一次會考成績上跌倒了，也能夠很快地站起來繼續前進。

用自我效能感，取代習得性無助

有時大人難以按捺「我來幫你比較快」的衝動，但新北市家庭教育中心主任王瑞邦觀察，有時候做得越認真的家長，孩子反而越容易有「我就是學不會嘛」的消極表現。

一九七五年，美國科學家馬丁・賽里格曼（Martin Seligman）曾做過一個頗具人道爭議的實驗。賽里格曼將狗關在籠內，不定時施予輕微的電擊，籠內還有一個不具有功能的按鈕。狗嘗試了幾次發現無法逃脫後，開始躺在原地不動、默默接受電擊。賽里格曼再加入第二組的狗，並且將兩組的籠內都加上了一個可以暫停電擊的按鈕。第二組的狗很快就學會按下按鈕來停止電擊；第一組的狗卻仍然無動於衷。賽里格曼再將兩組狗帶到一間設有障礙物的空房，第二組的狗很快就發現了逃脫的方法，然而，第一組的狗雖然目睹了牠們的逃脫過程，卻仍然躺在原地，沒有做出任何嘗試的行動。

科學家們將這個發現稱為「習得性無助」（Learned Helplessness），意指在認知到自己不具有改變環境的能力後，人和動物都會傾向於相信「反正我做什麼也都沒用」。即使後來出現了很簡單就能逃離困境的方法，他們也沒有嘗試的意願。在賽里格曼的實驗中，甚至有些習得無助的狗一聽到電擊前的鈴聲，就會直接趴下來哀嚎。這些狗並不是天生積極性不足，而是不曾有過「我能改變現況」的經驗。

相反地，如果童年經歷過很多「克服挫折」、「挑戰成功」的經驗，會在無形中養成控制感。長大後即使遇到更大的困境，因為相信自己有改善的能力，也可以比較快重新站起來。這樣的信念在心理學上被稱為「自我效能」（Self-efficacy），對於情緒穩定還是成就累積，都有很大助益。

自主學習的能力，就像是大腦內的核心肌群，能夠支撐並帶動其他周圍肌群的靈活動作。自主學習的能力鍛鍊好了，無論面對大小考試、準備學習歷程，還是出社會後的面試，都能更為順利快速地掌握。與其在步入社會叢林的前一刻才開始思考如何獨立自主，不如從小讓孩子獲得各種「我能自主、我有選擇」的小型體驗。偶爾犯錯，成長更快。腳踏車上的孩子，不需要沒有跌倒過的假象——自主體驗，才是孩子一生的動力泉源。

11-4 慶賀失敗！在困難中活出人類的調適力

「你人生中遇過最大的失敗是什麼？」

一間新創公司的主管，長年擔任企業行銷顧問，每次招募新血時，面試的最後一定會問到這題。「有的孩子經歷很漂亮，那沒有不好。但是職場不像學校，不會凡事都有穩定的規則，尤其是行銷產業，每天遇到的變數都很多，不斷的『試錯再優化』就是我們的日常。所以我想聽到的，不是他多會『預防失敗』，而是他怎麼『看待失敗』。」太在意失敗的人，可能不會太歡迎挑戰與變化；更嚴重一點的狀況是，工作上的意外，他們傾向盡快自己低調處理，不會第一時間向同事求助，這反而會造成公司更大的損失。

失敗不只是成功路上必經的驛站，也是每個人工作和生活中的日常。《哈利波特》

作者J・K・羅琳（J. K. Rowling）曾在哈佛大學畢業典禮上分享自己人生中的失敗，她說失敗並不浪漫，但毫無失敗的謹慎人生，或許本身也是一種失敗。

被低估的「失敗」價值

經濟合作暨發展組織（Organisation for Economic Cooperation and Development, OECD）每三年舉辦一次各國十五歲學生的「國際學生能力評量計畫」（Programme for International Student Assessment, PISA）。根據二〇一九年的評量結果，臺灣學生的閱讀、數學與科學能力都高於全球平均，不過，在「害怕失敗指數」（Index of Fear of Failure）這項指數上，臺灣學生的得分竟是全球最高。

失敗為成功之母，這句話有一部分是對的。一個人想要成功，不可能不從失敗中擷取經驗。文章開頭的新創公司主管說：「如果你一顆棋子都不想輸，那你不可能贏一盤棋局。」在新創產業蓬勃發展的以色列，「大人經常鼓勵孩子不必恐懼失敗，甚至還有『慶賀失敗』的文化。」國家教育研究院研究員洪詠善分享。

如果用經濟效益的角度來觀察，失敗是一種CP值（成本效益比）很高的學習方式，遇到失敗，能讓人理解「下一次該怎麼做」，就像是可以獲得重要情報的高價值實驗。早點遇到失敗，就能早點克服，找到新的出路。

失敗為成功之母，這句話的偏見陷阱是：那如果沒有成功呢？我的失敗，是否只有在成功的那一刻，才具有價值？

請為孩子的「努力」驕傲

事實上，我們不需要對孩子過度強調「成功」，一是因為成功的定義可以有很多種，二則是若過度強調成功的結果，更可能產生適得其反的效果。

史丹佛大學的行為心理學家卡蘿・德威克（Carol Dweck），曾在實驗中將四百名小學五年級的學生分為兩組，在他們做完第一份簡單的作業後，實驗人員讚美第一組的小學生：「你真聰明！」，對第二組的小學生則說：「你一定很努力！」

進入第二輪的作業測試之後，實驗人員發現，被誇聰明的第一組孩子，傾向選擇比較簡單的題目，才能提高自己繼續被讚美聰明的機會。相反地，第二組被誇努力的孩子，幾乎都選了難度更進階的題目。因為相信努力的價值，並且感受到自己有解決問題的掌控力，被稱讚努力的孩子會更樂於接受挑戰，從而獲得成長。

德威克進一步觀察，某些被稱讚聰明的孩子，會認為努力等於承認了自己的愚蠢，甚至輕視其他努力的人。由於這樣的想法是源自於對天賦的重視，德威克稱之為「固定型思維」（Fixed Mindset）——固定型思維的孩子容易將失敗歸責到「因為我就是笨」，即使外在表現得不錯，也很容易對測驗感到緊張、沮喪，並恐懼出糗。

相反地，「成長型思維」（Growth Mindset）的孩子遇到失敗，因為相信凡事並非天註定，相信自己有改善結果的能力，通常也活得更愉快。不過，成長型思維絕非只是單純的「樂觀有衝勁」，而是會思考「我這次的策略對不對」，進而調整自己的努力方式、研究遊戲規則中自己的優勢、並觀察環境變化下的新機會等。

樟樹國際實中校長陳浩然觀察，不害怕失敗的孩子，在出國見學時更有自信，收穫更多。丹鳳高中圖書館主任宋怡慧則說，成長型思維能在困難中看見機會，而非在機會中看見困難。

我們在每一次發現自己的理解有誤的時候，不是先自我否定「為什麼我連這個也不懂！」，而是讚嘆「哇！原來如此！」；在每一次遇到優秀的高手時，不是先想到「我是不是比不上別人」，而是由衷地感謝「能跟這麼厲害的人交流，太過癮了！」。把每一次的失敗，都當成蒐集情報的實驗，告訴自己「那下次的策略就這樣調整」；把每一次「我還不夠強」的擔憂，轉換成「我還可以更強」的動力。

先從語言思考習慣開始改變，就能帶動成長型思維的養成。就像是「放長線釣大魚」，成長型思維的孩子不會因眼前的失敗受困太久，而是著眼於長期的成長和滿足。下一次，請為孩子的「努力」而驕傲吧！

第 12 章

療癒自己

——笑著往前，就是贏家

12-1 與真實世界連結，不能忘記「情感教育」

在生成式AI ChatGPT風靡於臺灣大眾的初期，不少使用者在和機器人對話的過程中發現，只要指出機器人的答覆有誤，ChatGPT就會毫不猶豫地道歉並修正它的答案。「憑著這點，它就能打敗我職場上大部分的同事！」大家如此打趣，間接證明了人類對認錯還有拋不開的心理包袱。不過，目前的ChatGPT常常會搞錯該道歉的事情，弄得使用者又好氣又好笑。如何「正確地道歉」，人類和機器人之間應該還可以繼續「拚輸贏」。

人際協調能力，過去經常被視為是從事業務銷售、外交或公關接待、或是需要協調團隊工作的主管階級才需要的能力。不過，深入職場觀察，同為維修工程師，一位善於溝通的工程師，通常比起其他同儕升遷得更順利——他能在適合的時機懂表現，在特殊的情勢懂進退；糾正同事錯誤時，會恰當地用鼓勵和邀請的口氣，讓對方不會惱羞成怒；在協調溝通下，也能較有效率地完成自己被委託的任務。

若未來的企業將更有系統地引入ＡＩ、提高產能，每個工作者除了專業技術能力，「懂得和他人相處」更會是凸顯自己軟實力的關鍵。

從網路同溫層回到真實世界

與外在世界連結，需要人際互動的真實體驗。然而，習慣透過網路看世界的新一代，可能會失去很多練習的機會。在網路上與陌生網友交流意見時，我們看不到表情、聽不到口氣，無法從中感知對方流露出的情緒波動。俗話說「見面三分情」，在網路上，察言觀色的空間被壓縮，我們幾乎只能靠鍵盤打出的文字，來猜測對方的心情狀態。更有甚者，會忘記每個網路ＩＤ的背後，都是一個個真實的人，因此發言變得更加狂妄，藉此吸引他人目光，卻渾然不知，如此糊塗的行為足以傷人。

不久前，兩位參選系學會會長的臺大經濟系學生，在選舉公報上提出了十六條嚴重歧視的政見，包括攻擊特殊身體特徵、特定族群（包括原住民和僑生）、以及危及女學生和部分男學生人身安全的言論。儘管當事人強調「只是開玩笑」，但這番冒犯了極多族群的「玩笑話」，在選舉公報一發表旋即引發眾怒。蘆洲三民高中的校長彭盛佐感嘆地分析：「在網路社群跟『同溫層』開玩笑的成本很低，容易讓人忽略了真實世界裡的多元樣態。」網路上也許不易觸及到被自己言語所攻擊的對象，但他們都在真實世界中存在，他們受傷的感受也同樣真實存在。

致力推廣以美感教育打開感受能力的國家教育研究院研究員洪詠善說，對人、事、物保有敏感度，才有建立關係的能力。丹鳳高中圖書館主任宋怡慧積極用AR、VR的優勢拉近學生和閱讀的距離，但她強調：「人不會永遠活在科技的世界，最終還是要回到真實世界裡。」人類是群居社會的動物，深深仰賴團隊合作來生存。察言觀色的能力、還有願意體察他人是否受傷的那份心意，可能就是危急時刻夥伴伸出援手的原因。

不談戀愛，也要學會拒絕的藝術

在廣泛的人際關係，練習和不同特質的群體和諧相處，是最重要的學習。正如特殊教育科科長曹孝元在〈從特殊教育，看見個別化教學影響力〉一節談及的「融合教育」，特教生和一般生因為看見彼此差異，漸漸學習共處和尊重，也學會了社會化的技巧，對雙方的成長都是很大的助力。

而在比較親密的情感關係中，孩子的好奇心通常會引起大人的緊張，甚至打壓。新北市家庭教育中心主任王瑞邦分享，孩子從親子之間的依附關係，隨著成長，會自然地轉向好奇浪漫的親密關係，這是自然的探索過程，大人應該用正向的態度和孩子討論，而非否定孩子對「關係」的需要。

曹孝元科長則認為，對情感教育和性別教育抱持正向態度，不只能讓孩子的社會化能力成長，更能讓孩子懂得怎麼保護自己。以「拒絕告白」為例，多數家長的立場只有「幾歲以前不准談戀愛」，卻鮮少想到，如果有人來向自己的孩子告白，孩子應該如何拒絕？

「幾年前臺灣有過一個真實案例，一個女學生被告白之後，只回了『我不喜歡你，走開！』男學生惱羞成怒，拿美工刀劃傷了對方。」曹孝元科長說，不論幾分認真，現在的小學生之間也常見到告白的情形。光是練習如何有禮貌地拒絕別人，就能增強孩子在極端狀況下保護自己的能力。「情感教育和能不能談戀愛無關，而是和如何好好和別人溝通有關。」一方練習表現善意、保護自己，另一方也練習如何面對拒絕、保持風度。

王瑞邦主任說，經營關係的能力，在AI的時代只會更加重要。而一段良好的互動關係，需要以同理心為基礎，這也是一〇八課綱經常提及「素養」的原因之一。無論是透過團體運動、抑或是情感教育，保持同理心，能讓我們與外在社會連結，不只能表現得比機器人更好，也能從人與人之間的互動獲得滿足感，減少挫折感。

12-2 世界變動不斷，安定自己是了不起的能力

「如果你是導師，請想一想班上三十個孩子，他們來學校的原因是什麼？」特殊教育科科長曹孝元說，每個孩子到學校，除了學習之外，各自有他們有興致的事物。一號喜歡跟同學聊天、二號來學校吃便當的時候最開心、三號沒事就去當老師的小幫手……那四號呢？四號每天來學校就好像遊魂一樣，飄來飄去，雖然沒有做錯什麼事，但好像看不出來他的校園生活重心是什麼？

「如果你發現有個孩子，你看不出來他為什麼想來學校，那你需不需要跟他聊一下？」曹孝元科長說，很多「遊魂型」的孩子，課業表現未必落後，家庭狀況沒有異常，平常也不需要老師的重點輔導，只是在學校漫無目標地遊蕩，這類型的小孩很可能正處於心理上的「流離失所」。就好比一個人的身體住在豪宅裡，心靈卻彷彿流落街頭，對

於明天沒有踏實感。

孩子的生活重心或心理依靠，是他們遇到挫折時的自癒力。如果將人生比喻為一場馬拉松，知識就像是提升表現的各式裝備或補給，心理上的安定感，則讓孩子知道他們在為什麼而跑、怎麼跑才能享受這段路程，即使偶爾停下來看看路邊的花草，他們也有動力繼續朝終點前進。

人、花、狗，都可能是心理的依靠

特殊教育科除了關注特教生和資優生的教育，心理輔導的相關發展也是工作重點。曹孝元科長坦言，在青少年憂鬱自傷或自殺的問題上，最讓人擔憂的，往往都是毫無預兆的個案。「最近新聞上讓大家很震驚的Coco李玟，平常人前開朗又活潑，怎麼想得到他會因為憂鬱症而離世？如果都沒有蛛絲馬跡，要怎麼事前預防？這件事非常不容易，我們目前能做的，還是回到剛剛的那一題：孩子有沒有心理上的依靠？」

「這是教育工作者很大的一個任務，讓每個學生在學校至少找到一個依靠。有的孩子是為了可以打球，有的孩子喜歡參加課後社團，不論依靠是什麼，都很好。」心理依靠的來源各式各樣，也不一定需要由老師親自提供。

曹孝元科長說：「每個人的頻率不一樣，如果你是『AM』、他是『FM』，聊起來就是很難對盤。但是學校這麼大，一個孩子可能跟工友很談得來呀，每天去看工友種的花花草草，這也是一種園藝治療呀。」

「學校常常都有生態池，那去看看蝴蝶、看看竹節蟲，也很健康；如果遇到管理生態池的老師，他們也可以聊一聊，一起看看水池裡面有什麼魚。有的孩子對『人』就是比較沒有興趣，卻可能跟校狗玩得很開心，玩一玩，就能心平氣和地去上課。」心理依靠可以是人、事或物，能讓人從中獲得滿足，找到療癒。

實際上，〈美感教育，機器人無法取代的感受力〉一節所談的「感受美的能力」，也會引導孩子感受自己的情緒，有意識地覺察自己在何時何地是快樂或平靜、憤怒或焦慮？懂得為自己找到快樂，即使在未知或混沌的人生中，孩子也能找到安頓自己身心的地方。

不把快樂建立他人的認同裡

現在的臺灣社會，物質遠比過去來得豐裕，但心理健康的發展卻沒有獲得相應的平衡。因此無論家中提供的資源多或少，一個孩子都可能有不確定自己價值感的時候。有一種類型的孩子，平時無論在課業、社團或社交的表現都很強，強到有點愛出風頭。愛出風頭的背後，實際上是因為渴望被他人肯定和認同。

丹鳳高中圖書館主任宋怡慧說，從孩子到大人，唯有堅定地了解自己的目的地，才不容易在路上那麼在意其他人拋過來的情緒。「對孩子來說最不容易的是——假設今天我沒有考一百分，我是不是就不能認為自己是個『喜歡學習的人』？其實剛好相反！當你先認同自己是個什麼樣的人，你才會持續往那個卓越的目標不斷前進。」

曹孝元科長表示：「如果孩子的內在沒有辦法給予自己肯定，太過依賴外來的讚美來相信自己的價值，那一旦受到挫折時，就可能會陷入低潮，甚至質問社會『你為什麼不肯定我？你為什麼不肯定我？』也可能出現更偏差的行為。如果我們發現一個孩子對外在掌聲的需求很大，就要協助他轉向探索其他滿足感的來源，至少不能把所有的快樂都押在『掌聲』這一項上。」單一的快樂來源容易讓人患得患失，一旦失去了，便陷入痛苦的低潮。但是，快樂可以是學期成績的進步、因為運動而獲得的多巴胺、也可能是和家人一次親密的晚餐，當快樂的來源越多元，一個人的心理韌性就越強。

安定自我，是找到自癒力的關鍵

新北市政府教育局關注孩子的心理健康，也很注重社工師和心理師在服務學校時的在地性。因此，有別於其他縣市多採「有案就派」的模式，新北市的社工師和心理師會長年留在區域內；比如板橋、五股、林口，因為各自有不同的人口和區域特質，當社工師和心理師對區域的熟悉度提高，就能對可能遭遇的個案狀況更有掌握力。每位社工師和心理師也有固定的駐校時間，各校可以明確預期哪一天會有社工師或心理師到校；對有需要的學生來說，也不必擔心會不會每次諮詢都是一張新面孔、不需煩惱於是否需要重新熟悉彼此，重新建立關係。

「安定自我」並不是一個會讓人感到興奮或熱血的主題，也不是考試中會出現的考題，卻是每個人一生中都需要的最強後盾。當我們期待孩子走得長遠，走得平安，除了鼓勵他們在學涯中認識自己的潛力所在，更要感受自己快樂的來源、心理的依靠，來找到自癒力的所在。

12-3 孩子用3C，家長該不該禁？

「平板已經用多久了？趕快收起來。」「不是已經約好一天只能用三十分鐘嗎？」七〇年代之後出生的父母回憶過往，智慧型手機、平板電腦都是成年以後才出現的產物。現在的孩子，卻是在幼兒時期就開始接觸3C產品，身為家長，該怎麼應對才好？

科技不斷進步，儘管孩子能夠在物質相對豐裕的社會中長大，但和農村時代的家長相比，現代的家長在教養上需要面對的卻是整個網路生態中的未知陷阱。從線上遊戲到社群直播，網路上出現的內容讓家長眼花撩亂，最常出現的應對手段就是「禁」。

新北市政府教育局特殊教育科科長曹孝元表示，在校方有介入輔導的學生個案中，近八成是有關父母管教衝突問題；而在管教衝突問題中，因為3C而起爭執的事件為大宗。那父母又該如何解決才對？曹孝元科長回答：「請先看看孩子都在用3C做什麼？」

3C使用時間，真的是重點嗎？

如果暫時不論視力考量，「使用時間」恐怕不是和孩子約定3C使用的最佳標準。曹孝元科長嘗試問家長：「如果孩子今天是用平板看教學平台上的數學影片，你會不會跟他說『今天已經用兩個小時了，趕快收起來』？還是你只會很高興地提醒他，記得讓眼睛休息一下？」

有些家長確實只允許孩子使用專業的線上教學平台，但非學習平台上也可能出現學習行為。「如果他今天是看YouTube呢？一開始應該會很生氣。但如果他是在看全英文的YouTuber分享穿搭呢？」曹孝元科長說，辨別標準無他，只有深入理解孩子的使用需求才能作出判斷。

「如果他今天是在打《魔獸》或《傳說對決》，那你需要做的是先多跟他聊聊，為什麼他喜歡打線上遊戲？調查指出，接近三成的小孩子回答，因為在線上遊戲可以跟人聊天、可以組隊、喜歡有隊友的感覺。」如果大人能在傾聽的過程中，了解到孩子的心理需求，就能更對症下藥、提供引導。

現在的社會，大人查地圖要用手機、和同事交辦任務需要手機、網路購物補給家用品也會用到手機；孩子寫報告查資料、和同學保持互動、了解流行話題，也不可能不用手機。「就像看東西需要眼鏡一樣，3C已經是現代人和外界互動的必要工具了。如果有人拿走你的眼鏡，你是不是會覺得很難生活？」成長的時代背景不同，父母和孩子之間，唯有保持雙向溝通的習慣，才能在3C和其他各式各樣的教養議題上，取得共識和平衡。

品德聯絡簿，鼓勵多問「為什麼？」

新北市國中小的「品德教育聯絡簿」廣受學生歡迎，聯絡簿內每月的品德主題教的並不是禮義廉恥的教條規範，而是引導學生投入多元情境的道德思辨。

曹孝元科長以「善意的謊言」為例，探討善惡之間的複雜性。「如果說謊會帶來一個很好的結果，你會怎麼辦？那如果換一個情境呢？」

品德教育的目的，當然不是要鼓勵說謊，而是希望教會學生，能夠在不同的情境下發揮道德判斷能力，並且思考判斷會牽連到的其他面向。「比如當你為了義氣相挺，而說謊掩護同學時，為什麼大人會生氣？如果今天同學身上帶了違禁品，老師擔心的是什麼？而不是一句『做人怎麼可以說謊』就結束。」

如果我們期待孩子對自己保持坦誠、對社會保持正直，但同時保有隨機應變和察言觀色的社會化能力，鼓勵孩子思考說謊背後的用意和各種可能的後果，能讓他們在社會上生存得更好。「現在的社會和農村時代很不一樣，如果還是用很八股的方式，去告訴學生什麼是絕對的善惡，孩子沒有自己判斷的能力，以後就很可能會在網路上被騙。」

比背出正確答案更重要的能力

走進ＡＩ時代，孩子的思考力，比起背出正確解答更重要。試想，如果所有人都能Google到答案，每個學生寫的報告都是取材自「維基百科」，甚至每個人都能請ChatGPT代擬一篇作文，那麼，如何判讀資料來源的精確度，對Google或ChatGPT提出更獨特的關鍵詞或更明確的提問，並且運用這些材料組合出更新穎的見解，才是下一代學生所需要的能力。

資訊爆炸的網路時代固然為父母帶來了很多焦慮，但同時也帶來了各種資源。觀察各種教育情境和領域，無論切入點是自主學習、閱讀思辨、環境觀察、美感探索、終身學習、情感教育、正向教養、自我效能感、成長型心態還是恆毅力與感受力，這些關鍵字背後貫穿的應對心法其實都彼此相通。當孩子問問題的時候，正是他們成長的時候。

12-4 我的孩子失戀時，可以來抱著我哭嗎？

在各種教養守則之中，有一項能夠貫穿所有親子之間的需要，那就是「多陪陪孩子」。

新北市家庭教育中心主任王瑞邦說，在親子之間，沒有什麼比陪伴和溝通更重要。「我希望當孩子失戀的時候，我會是他想要依靠的對象。」要建立良好的溝通，聆聽永遠是第一步。曾在家庭教育中心服務的曹孝元科長補充：「聆聽不容易，孩子小學的時候可能都會講一堆前言對不上後語的話；但要是沒耐住性子，等孩子上國中之後，你想找他講話，他就只會回我們：『沒有啊。』」

在「聆聽」的下一步，王瑞邦強調不能忽略「表達」的重要性。「父母有時會擔心，『我把我的期待說出來，是不是在給小孩壓力？』其實，沒有不該說的心情，只有『如何說』的區別。比如在面對升學的岔路口時，應該讓孩子知道我們的為難，也知道我們在為難之後對他的支持。」

如果一味的壓抑，沒有被疏通的情緒會演變成壓力和怨懟，親子的相處品質反而下降。孩子需要學習到父母也是會受傷、會憤怒的血肉之軀，而不是聖人。如果憤怒失控了，也不需要拉不下臉向孩子道歉。願意積極道歉的父母，其實是讓孩子學習勇敢不怕犯錯的最佳示範。

陪伴，比富裕的物質更重要

許多父母相信，給孩子更多更好的資源，是讓他們擁有更好人生的不二法門。但許多研究的發現卻指出，親子之間穩定的相處品質，遠比是否出身富裕更能帶來良好影響力。

心理學家瑪德琳・萊文（Madeline Levine）整理各種針對富裕家庭孩子的研究，發現美國富裕青少年濫用非法藥物的比例，比起貧窮組的學生竟然高出百分之二十。而且，富裕組學生的焦慮和憂鬱傾向比例也相對更高，萊文分析其中的原因，來自於富裕組的家庭關係大多比較疏離，使得孩子對父母缺少可依賴的感覺；加上高社經地位的父母，對孩子的成就有更多堅持，使得孩子更容易出現焦慮、羞愧，甚至絕望的感受。

相反地，當一個孩子和父母之間有穩定的陪伴關係，即使在成長過程中遇到壓力，也依然能保持健康與專注力。這不只是耆老流傳下來的智慧，加拿大麥基爾大學（McGill University）的神經學專家在實驗室發現，更常被舔毛、梳理毛髮的小老鼠，通常在迷宮中會更快找到出口，牠們活力旺盛、充滿好奇心，壽命也更長久。透過這些研究，可以發現「用時間換取更多投資在孩子身上的金錢」不一定是最好的策略，保留一些給孩子的時間，保持聆聽他們叨叨絮絮學校瑣事的耐心，也是一種非常了不起的「教育資源」。

父母真的很忙怎麼辦？現任新北市政府教育局特殊教育科科長曹孝元分享，曾有一位媽媽因為在夜市工作，因此上班時間總是會錯過孩子在家的時間。社工師提供了這位媽媽一個簡單的技巧：「出門上班前留一張紙條，很簡單的兩三句話也很好。」透過這樣的情感交流，孩子感受到媽媽的關心，也獲得了被支持的心理力量。

在照顧孩子前，父母需要先照顧好自己

王瑞邦主任指出，上有老、下有小的「三明治世代」，在生活上有許多的不容易。很多家長即使想要實行正向教養，自身的成長經歷中卻可能沒有類似的體驗能夠參考。他回想起自己和孩子的互動，聲音微微顫抖地說：「我到現在都還記得，我的兒子跟我說：『爸爸，你摔過我的聯絡簿。』」

他觀察到，高社經背景的家長，傾向對孩子的「異樣」更為在意，也更積極地想把自己認為「好」的事物加諸於孩子身上；通常會花更多的時間，才能看見孩子身上其他閃閃發亮的特質。「說真的，我以前對小孩生氣，可能不是為了他好，而是我自己怕丟臉，或者是我認為有那些堅持才能算是一個『好家長』，是我自己過不去心裡的那一道檻。」

王瑞邦主任表示，現代社會的家庭價值變化大，親子之間要一起面對的挑戰很多，

而適合每個家庭的解方，也都不一樣。在解決問題的過程，不要排除對方想要參與其中的善意，要主動讓對方知道他可以做些什麼。許多人都擔心溝通很麻煩，所以最後演變成什麼都自己一肩扛起。溝通的技巧不論是在親子、夫妻、婆媳、手足之間，都是一樣重要的。所有爭吵的問題，最後都是回到一段關係的經營。

在新北市家庭教育中心工作的胡曉倩分享，中心在疫情後舉辦多場線上講座都爆滿，在這些匿名參加者的背後，家庭教育中心可能接觸到更多以往不敢走出門來尋求協助的對象。同樣地，新北市家庭教育中心諮詢服務專線「4128185」，由專業的志工引導來電者安心地說出自己的困難，有些人會哭著講電話，也有人是躲起來不想被家人聽見。正因為來電不會記錄姓名，接住了許多潰堤的心，重新站起來往下走。

家長總是想給孩子最好的，甚至不惜犧牲自己的生活。但是，先把自己的情緒照顧好，會讓孩子獲得狀態更穩定、更可依靠的家庭支持環境。無論將孩子送往更頂尖的學府或是提供更優秀的師資，家長給予的陪伴，對孩子的成長永遠無可取代。

在終身學習的萬里旅途上，每個大人其實都是學生；當我們敢於放下身段、接受挑戰，任何的失敗或不足，都能將我們帶往變得更好的方向。更多的聆聽、參與、陪伴才能讓我們在教育的議題中少一份焦慮，多一份的信心。擁有一顆樂於學習的心，就是孩子品格健全的最有力示範。

國家圖書館出版品預行編目資料

AI塑造的學習未來：教育現場的智慧觀點／新北市政府教育局總策劃
-- 初版. -- 臺北市：華雲數位出版：英屬蓋曼群島商家庭傳媒股份有限公司城邦分公司發行, 2023.12

面；　公分. --（生活視野；38）

ISBN 978-626-318-977-5（平裝）

1.CST：人工智慧　2.CST：教學科技　3.CST：數位學習

521.539　　112020429

AI塑造的學習未來：教育現場的智慧觀點

總　策　劃／新北市政府教育局
發　行　人／張明文
總　編　輯／劉明超、歐人豪
副 總 編 輯／丁雅君
編 輯 小 組／吳宜真、張漢堯
企 劃 執 行／雙溪高中行政團隊
採 訪 撰 文／陳妤寧
受　訪　者／丁思與、王瑞邦、江彥廷、何春緣、何茂田、吳木樹、吳佳珊、吳孟仁、吳芳蕙、吳彥辰、吳惠花、呂聰賢、宋怡慧、李慧美、林玉婷、林奕成、施信源、洪詠善、胡曉倩、夏治強、翁健銘、曹孝元、許欣霖、許家菁、許慶雄、陳沛雯、陳怡君、陳浩然、彭盛佐、曾若慈、黃姵穎、楊京儒、葉怡君、趙湘怡、蕭玉佳、謝秀瑜、蘇柏宇（依姓名筆劃排列）

版 權 業 務／林易萱、吳亭儀
編輯行銷業務／王拂嫣、程鳳儀、林秀津、周佑潔、賴正祐
總　經　理／彭之琬
事業群總經理／黃淑貞
負　責　人／何飛鵬
法 律 顧 問／元禾法律事務所　王子文律師
出　　　版／華雲數位股份有限公司
製　　　作／商周出版
台北市 104 民生東路二段 141 號 9 樓
電話：(02) 2500-7008　傳真：(02) 2500-7759
E-mail：bwp.service@cite.com.tw
發　　　行／英屬蓋曼群島商家庭傳媒股份有限公司　城邦分公司
臺北市 104 民生東路二段 141 號 2 樓
書虫客服服務專線：02-25007718；25007719
服務時間：週一至週五上午 09:30-12:00；下午 13:30-17:00
24 小時傳真專線：02-25001990；25001991
劃撥帳號：19863813；戶名：書虫股份有限公司
讀者服務信箱：service@readingclub.com.tw
城邦讀書花園：www.cite.com.tw
香港發行所／城邦（香港）出版集團有限公司
香港灣仔駱克道 193 號東超商業中心 1 樓
電話：(852)2508-6231　傳真：(852)2578-9337
Email：hkcite@biznetvigator.com
馬新發行所／城邦 (馬新) 出版集團 【Cite (M) Sdn. Bhd.】
41, Jalan Radin Anum, Bandar Baru Sri Petaling,
57000 Kuala Lumpur, Malaysia
電話：(603) 90563833　傳真：(603) 90576622　Email：services@cite.my

封 面 設 計／徐璽工作室
排　　　版／唯翔工作室
印　　　刷／韋懋印刷事業有限公司
總　經　銷／聯合發行股份有限公司　電話：(02) 2917-8022　傳真：(02) 2911-0053
地址：新北市新店區寶橋路 235 巷 6 弄 6 號 2 樓

■ 2023 年 12 月 21 日初版

Printed in Taiwan

城邦讀書花園
www.cite.com.tw

定價／ 380 元

ISBN：978-626-318-977-5

商周出版

廣	告	回	函
北區郵政管理登記證			
北臺字第10158號			
郵資已付，免貼郵票			

104　台北市民生東路二段141號9樓

英屬蓋曼群島商家庭傳媒股份有限公司城邦分公司　收

請沿虛線對摺，謝謝！

商周出版

書號：BH2038　　書名：AI塑造的學習未來：教育現場的智慧觀點

請於此處用膠水黏貼

線上版讀者回函卡

商周出版

讀者回函卡

感謝您購買我們出版的書籍！請費心填寫此回函卡，我們將不定期寄上城邦集團最新的出版訊息。

姓名：＿＿＿＿＿＿＿＿＿＿ 性別：☐男 ☐女

生日：西元＿＿＿＿年＿＿＿＿月＿＿＿＿日

地址：＿＿＿＿＿＿＿＿＿＿

聯絡電話：＿＿＿＿＿＿＿＿ 傳真：＿＿＿＿＿＿＿＿

E-mail ：

學歷：☐ 1. 小學 ☐ 2. 國中 ☐ 3. 高中 ☐ 4. 大學 ☐ 5. 研究所以上

職業：☐ 1. 學生 ☐ 2. 軍公教 ☐ 3. 服務 ☐ 4. 金融 ☐ 5. 製造 ☐ 6. 資訊
☐ 7. 傳播 ☐ 8. 自由業 ☐ 9. 農漁牧 ☐ 10. 家管 ☐ 11. 退休
☐ 12. 其他＿＿＿＿＿＿＿＿

您從何種方式得知本書消息？

☐ 1. 書店 ☐ 2. 網路 ☐ 3. 報紙 ☐ 4. 雜誌 ☐ 5. 廣播 ☐ 6. 電視
☐ 7. 親友推薦 ☐ 8. 其他＿＿＿＿＿＿＿＿

您通常以何種方式購書？

☐ 1. 書店 ☐ 2. 網路 ☐ 3. 傳真訂購 ☐ 4. 郵局劃撥 ☐ 5. 其他＿＿＿＿

您喜歡閱讀那些類別的書籍？

☐ 1. 財經商業 ☐ 2. 自然科學 ☐ 3. 歷史 ☐ 4. 法律 ☐ 5. 文學
☐ 6. 休閒旅遊 ☐ 7. 小說 ☐ 8. 人物傳記 ☐ 9. 生活、勵志 ☐ 10. 其他

對我們的建議：＿＿＿＿＿＿＿＿＿＿

【為提供訂購、行銷、客戶管理或其他合於營業登記項目或章程所定業務之目的，城邦出版人集團（即英屬蓋曼群島商家庭傳媒（股）公司城邦分公司、城邦文化事業（股）公司），於本集團之營運期間及地區內，將以電郵、傳真、電話、簡訊、郵寄或其他公告方式利用您提供之資料（資料類別：C001、C002、C003、C011 等）。利用對象除本集團外，亦可能包括相關服務的協力機構。如您有依個資法第三條或其他需服務之處，得致電本公司客服中心電話 02-25007718 請求協助。相關資料如為非必要項目，不提供亦不影響您的權益。】

1.C001 辨識個人者：如消費者之姓名、地址、電話、電子郵件等資訊。
2.C002 辨識財務者：如信用卡或轉帳帳戶資訊。
3.C003 政府資料中之辨識者：如身分證字號或護照號碼（外國人）。
4.C011 個人描述：如性別、國籍、出生年月日。

請於此處用膠水黏貼